"互联网+"背景下电子商务创新发展研究

王　慧　卢丽媛　编著

西安电子科技大学出版社

内 容 简 介

电子商务的创新发展正全方位地影响着全球经济形态与消费者行为,展现出了智能、高效、个性且绿色的未来商业图景。本书是作者对"互联网+"背景下电子商务创新发展的研究成果。

全书共分为十章,分别为"互联网+"背景下电子商务的相关概念、"互联网+"背景下电子商务的发展趋势、"互联网+"背景下对外电子商务的发展、"互联网+"背景下的跨境电子商务、"互联网+"背景下电子商务网站的建设、"互联网+"背景下的电子商务模式、"互联网+"背景下的电子商务安全及运营管理、"互联网+"背景下电子商务市场营销模式的创新、人工智能在电子商务中的运用与实践、"互联网+"电子商务创新与实践。

本书可作为高校电子商务类专业学生的参考用书,也可供电子商务从业人员参考阅读。

图书在版编目(CIP)数据

"互联网+"背景下电子商务创新发展研究 / 王慧,卢丽媛编著.

西安 : 西安电子科技大学出版社, 2025. 1. -- ISBN 978-7-5606-7534-3

Ⅰ. F713.36

中国国家版本馆 CIP 数据核字第 2024GW0676 号

策　　划　李鹏飞
责任编辑　李鹏飞
出版发行　西安电子科技大学出版社(西安市太白南路 2 号)
电　　话　(029)88202421　88201467　　　邮　　编　710071
网　　址　www.xduph.com　　　　　　电子邮箱　xdupfxb001@163.com
经　　销　新华书店
印刷单位　陕西日报印务有限公司
版　　次　2025 年 1 月第 1 版　2025 年 1 月第 1 次印刷
开　　本　787 毫米×1092 毫米　1/16　印 张 11
字　　数　257 千字
定　　价　40.00 元
ISBN 978-7-5606-7534-3
XDUP 7835001-1

*** 如有印装问题可调换 ***

前　言

在信息爆炸、技术日新月异的时代，互联网不仅仅只是信息交流的平台，它已成为驱动全球经济发展的核心引擎。随着"互联网+"战略的提出与深入实施，各行各业都在积极探索与互联网深度融合的新模式、新业态。其中，电子商务作为互联网应用最广泛、影响最深远的领域之一，为我国创造了大量的就业岗位，培养了大批信息化商业人才。电子商务的发展已经对社会、经济以及人们的商务思维和观念产生了深刻的影响。

在经济全球化背景下，电子商务基于互联网属性，具有数据化特点，体现出了新的竞争优势。在电子商务的各个环节，大数据技术都将会带来巨大的改变与挑战。

数据是当今社会发展与前进的重要资源，也是全球所有零售商手中非常有效的资产。大数据技术的应用不仅改变了原有的电子商务营销方式，还重新定义了有关零售业的一切。大数据将电子商务和实体零售店的分界线变得模糊，正在帮助人们以新的方式完善全渠道营销策略，使实体零售店变得比以往更加强大。本书正是在这样的大背景下编写的。作者希望通过系统的分析与研究，揭示在"互联网+"的催化下，电子商务如何跨越传统界限，实现从交易方式到供应链管理、从消费者行为分析到个性化服务推送的全方位变革。作者编写本书的目的不仅是记录这一历史进程，更重要的是为从业者、学者、政策制定者提供一个深度思考和制定策略的参考框架。

本书力图在理论与实践之间架起一座桥梁。书中既有对当前电子商务发展现状的深刻洞察，也有对未来趋势的前瞻性探索。作者期望，无论是对电子商务领域有浓厚兴趣的学者、学生，还是正在或即将投身于这一行业的创业者、企业管理者，都能从本书中获得启发，共同推动电子商务向着更加健康、可持续的方向发展。

本书的出版获得了江西应用科技学院电子商务高水平师资团队的资助。

在编写本书的过程中，编者参考和借鉴了许多国内外专家学者的著作和文献资料，在此一并表示感谢。

因编者水平有限，书中难免存在不足之处，恳请专家及读者批评指正！

编　者

2024 年 5 月

目　录

第一章 "互联网+"背景下电子商务的相关概念

第一节 互联网的相关概念

一、互联网的含义与主要功能

(一) 互联网的含义

互联网是指将两台或者两台以上的计算机终端、客户端、服务端通过计算机信息技术手段互相联系起来而形成的大型网络系统。人们可以通过互联网与远在千里之外的朋友相互发送电子邮件、共同完成一项工作、共同娱乐等。从技术的角度来看,互联网是按照一定的通信协议组成的国际计算机网络。

(二) 互联网的主要功能

在现实生活中,互联网的应用很广泛。在互联网上,我们不仅可以聊天、玩游戏、查阅资料等,也可以进行广告宣传和购物,还可以在互联网上的数字知识库里找到自己所需要的各种信息,帮助我们学习与工作。大家熟悉的互联网的功能有:

(1) 通信,如电子邮件、微信、QQ 等。

(2) 社交,如脸书、微博、QQ 空间、论坛等。

(3) 网上贸易,如网购、网上订票、工农贸易等。

(4) 云端化服务,如网盘、云笔记、云资源、云计算等。

(5) 共享资源,如电子市场、门户资源、论坛资源等,以及媒体(包括视频、音乐、文档)、游戏、共享信息等。

(6) 社会服务,如在线办理行政事务、查询政策信息、参与公共讨论等。

二、互联网时代的新思维

互联网的普及和应用使社会进入互联网时代,进而使人们产生以网络为背景的新思维，这种新思维在各个行业以"互联网+"的形式体现，使各个行业不断实现创新。互联网思维是一套新的思维方式或方法论，每个人对此都可以有自己的理解，而其根本是"以用户为中心"。互联网思维对任何业态都有指导意义。传统商业与互联网的界限已模糊不清，跨界是趋势，用互联网思维跨界改造会使传统商业焕发新的生机，这种趋势在餐饮、家装、租车、洗车、家政、金融等领域已然显现。

(一) 消费者空前全能

互联网出现之后，消费者有了更多的知情权与选择权，再加上便捷的网购平台和自媒体传播工具，消费者越来越成为全能选手。他们不仅会对商家的灌输进行解码，并根据个人学识进行整合，而且会通过微博等媒体加以传播。传统商家曾经通过信息不对称来对消费者进行的夸大宣传，现在在网民"云智商"的海量运算下无处遁形。电商是一个口碑生意，商家唯一能做的就是真正与消费者平等对话、开诚布公。

(二) 表达空间空前自由

随着互联网的普及，消费者获取信息与表达意见的渠道日益增多。因地域的限制，很多商家过去凭借信息不对称就能轻松做生意，如今，网络打破了地域限制。随着论坛、微博、微信等新媒体应用的蓬勃发展，消费者表达意见的成本非常小，空间无比宽广，效率得到前所未有的提高。这种表达不仅通道直接，而且时间效率极高，消费者个性化的充分表达成为可能，消费者建立集体关联的需求也变得非常容易，正面或负面的口碑传播都变得异常容易，特别是负面口碑天然具有自传播特性。

(三) 互联网审美成为主流

互联网审美的含义主要有两点：一是以互联网开放平等对话为基础，主张"生活本身美"，反对过于精英化的形式；二是要有趣味，特别是对于新媒体的传播，要能自黑自嘲，要能放下身段与网民狂欢，要用网民熟悉的术语进行对话。

(四) 个性鲜明

在这个人人不甘平庸的时代，有性格的品牌或企业更受欢迎。例如，各种用动物作吉祥物的互联网品牌，除提高了品牌辨识度以外，还赋予了冷冰冰的品牌以性格特征。

三、互联网技术带来的商业模式变革

以信息技术和网络技术为核心的第三次科技革命，正颠覆性地改变着传统工业时代的特征，使得人们能够通过互联网与全球各地的人进行双向甚至多向信息交流。这种交流方式极大地缩短了时空距离，并显著降低了交易成本，从而引发了商业环境的巨大变革。这些变化使企业正遭遇前所未有的挑战。

环境的变化决定模式的转变。互联网技术所引发的变革,不仅提升了企业的竞争力,而且更深层次地改变了企业竞争的舞台。因此,企业首先应当审视环境发生了哪些具体变化,进而思考应如何选择合适的舞台,以充分发挥自身的竞争优势。互联网技术带来的商业模式变革如下。

(一) 企业内外部的融合与产权变革

互联网促进了共享经济的发展,如共享住宿(Airbnb)、共享出行(滴滴出行)等。这些模式的核心在于所有权与使用权的分离,即资产所有者可以将其闲置资源通过平台出租给需要的用户,实现资源的最大化利用。

此外,企业内外部边界逐渐模糊,开放创新成为可能。企业通过互联网平台与外部合作伙伴、用户甚至竞争对手合作,共同创造价值,加速产品和服务的迭代更新。

(二) 市场结构的重塑

互联网催生了平台经济,如阿里巴巴、亚马逊等,这些平台具有显著的网络效应,即用户数量的增长会进一步吸引更多用户加入,形成正反馈循环,增强平台的市场地位。

同时,互联网打破了地域限制,使得小众市场也能获得足够的关注和发展空间。企业能够通过细分市场,满足个性化需求,实现差异化竞争。

(三) 企业竞争战略的革新

企业竞争战略手段层出不穷,不再局限于单一的产品或服务,而是构建平台,吸引多方参与者,形成生态系统。例如,苹果公司的 iOS 生态系统,不仅包括手机硬件,还有应用商店、音乐服务、支付服务等。互联网降低了行业间的壁垒,传统行业与新兴技术领域的界限越来越模糊,跨界合作与竞争成为常态。

(四) 企业模式的转型

企业模式从单一的产品或服务提供转向平台与应用的结合,即在提供基础平台的同时,还开发多种增值服务,以满足用户的多样化需求。

一些商业性准公共产品出现,如地图导航、天气预报等,这些服务虽然由私人企业提供,但因其广泛的公共价值而被视为准公共产品。

(五) 业务模式的线上线下融合

线上到线下的商业模式将互联网的便利性与线下的体验相结合,提高了服务效率和质量。例如,通过线上预订和支付,线下享受餐饮、旅游等服务。

此外,大数据分析成为企业决策的重要依据,企业能够根据用户行为数据优化产品设计、营销策略和供应链管理,提高运营效率和顾客满意度。

四、互联网时代的经营策略

(一) 始终将创造用户价值作为商业流程的焦点

在竞争激烈的各行业，市场每时每刻都在发生变化。正确把握市场需求、不断创造用户价值是企业生存之本。企业应坚持一切以市场为中心，始终将创造用户价值作为商业流程的焦点。

(二) 以模块化的组织结构实现大规模协同

模块化是大规模协同的基础，它是把复杂系统分拆成准独立的模块，并使模块之间通过标准化的接口进行信息沟通的动态整合过程。以自主经营体为基础的管理能实现比较彻底的模块化，其模块化特征不仅体现在生产组织方面，还体现在市场、研发、质量、技术、人力、财务等价值创造流程的各个环节。每个自主经营体就是一个功能模块。基于不同的市场目标，上千个模块可以同步实时运行，从而实现了大规模的协同，增强了企业的动态反应能力，提高了组织的灵活性。

(三) 以创新的机制和工具打造自我驱动的基层团队

基层团队的创造力和执行力是企业能力的源泉，每一个自主经营体都是一个基层团队。各个自主经营体的经营机制可以确定为：留足企业利润，挣够市场费用，盈亏都归自己。自主经营体独立的用人权和分配权确保了团队长的责、权、利对等，每个成员的人单合一机制形成了团队长和每个团队成员实现目标的内在动因；团队长和团队成员的竞争淘汰机制、官兵互选机制、动态调整机制，形成了团队长和每个团队成员的外在约束。在内因和外因的共同作用下，每个自主经营体被激发出最大的创新潜力，围绕着目标实现动态的自创新、自驱动、自运转。自创新是指自主经营体要根据用户需求的改变不断进行创新，不断满足用户需求，同时能够不断挑战更高目标；自驱动是指根据日清预算体系，将工作目标和预案分解到每天或每周，能够自主地按照日程完成任务；自运转是指流程和机制不断优化升级，每一个局部或环节的创新都被吸收和推广到整个流程体系中，形成一个良性的螺旋式上升的闭环优化体系。自主经营体既可以在企业内部跨部门整合资源为自己所用，也可以充分利用信息化平台，整合全世界的资源为自己所用。这样不断创新的基层团队，能成为推动组织变革的动力之源和企业创新的源头活水。

(四) 创新风险分担机制

互联网时代企业环境变化快、突发事件多，风险管理尤其重要。企业风险管理的发展趋势由高层管理、基层执行，向着基层管理、多主体参与的方向发展。以自主经营体为基础的管理将企业经营风险由高层管理分化为由多个自主经营体分担，又将风险化解为由多名员工承担，从而大大增强了企业对经营风险的消化和吸收能力，减少了重大经营决策失误的可能。

创新是一个民族进步的灵魂，是一个国家兴旺发达的不竭动力，也是企业的使命。由于创新过程的复杂性和随机性，只有不断完善创新的管理工具和方法，将其视为一种置于管理之下的商业流程，才能不流于口号，真正将创新落到实处。

五、"互联网+"及其特征

"互联网+"就是"互联网 + 各个传统行业"，但这并不是简单的两者相加，而是利用信息通信技术以及互联网平台，让互联网与传统行业进行深度融合，创造新的发展生态。它代表一种新的社会形态，即充分发挥互联网在社会资源配置中的优化和集成作用，将互联网的创新成果深度融入经济社会各领域中，提升全社会的创新力和生产力，形成更广泛的以互联网为基础设施和实现工具的经济发展新形态。

"互联网+"是互联网思维的进一步实践成果，推动经济形态不断地发生演变，从而增强社会经济实体的生命力，为改革、创新、发展提供广阔的网络平台。"互联网+"有以下六大特征。

(一) 跨界融合

"互联网+"就是跨界，就是变革，就是开放，就是重塑融合。敢于跨界了，创新的基础才更坚实；融合协同了，群体智能才会实现，从研发到产业化的路径才会更垂直。融合本身也指代身份的融合、客户消费转化为投资、伙伴参与创新等，不一而足。

(二) 创新驱动

以往粗放的资源驱动型经济增长方式早就难以为继，必须转变到创新驱动发展这条正确的道路上来。这正是互联网的特质，用互联网思维来求新求变、实现自我革命，也能更好地发挥创新的力量。

(三) 重塑结构

信息革命、全球化和互联网业已打破原有的社会结构、经济结构、地缘结构和文化结构，权力、议事规则和话语权等都在不断发生变化。"互联网 + 社会治理"和虚拟社会治理会有很大的不同。

(四) 尊重人性

人性的光辉是推动科技进步、经济增长、社会进步、文化繁荣的最根本的力量。互联网的力量之所以强大，最根本之处在于其对人性最大限度的尊重、对人类体验感的敬畏、对人的创造性发挥的重视。

(五) 开放生态

关于"互联网+"，开放的生态是其非常重要的特征。我们推进"互联网+"，其中一个重要的方向就是要把过去制约创新的环节化解掉，把孤岛式创新连接起来，由人性驱动市场，让创业者有机会实现价值。

(六) 连接一切

连接是有层次的，连接性是有差异的，连接的价值相差很大，但连接一切是"互联网+"的目标。

第二节　电子商务的相关概念及发展历程

一、电子商务的概念

电子商务，就是企业通过内部网、外部网与企业的职工、客户、供应商以及合作伙伴开展主营业务的沟通、联系、交易等一系列的商务活动。电子商务具有狭义和广义之分。

狭义的电子商务通常理解为在互联网上进行买卖交易(E-Commerce)。交易过程涉及沟通、流程、服务、在线等几个方面。沟通是指通过电子信息技术传递产品或服务的信息；流程中通过信息技术和自动化等技术的应用，使电子交易和工作实现自动化；服务指在提高质量和速度的同时降低成本；在线是指产品或信息在线交易。

广义的电子商务是相对于狭义的电子商务而言的。IBM 公司最先提出来并将这个概念应用于其他的服务之中。广义的电子商务(E-Business)是指通过应用互联网技术使关键业务流程转型，强调的是网络环境下商业化的应用。首先，这一概念在组织内部用于战略的制定和运营的实施；其次，用于企业主营业务的在线经营，为消费者提供周到、细致的服务支持。

电子商务在不同时期和不同组织中的理解有所不同，分别具有不同的概念。

英国政府认为，电子商务是在供应链任意层次上通过电子化网络进行的信息交换，包括组织内部、商家之间、商家与消费者，或公共机构与私人机构之间的交流，无论是财务的还是非财务的信息交换都属于电子商务。

美国政府在《全球电子商务纲要》中提出，电子商务是通过互联网进行的各项商务活动，包括广告、交易、支付、服务等活动。

联合国经济合作和发展组织(OECD)认为，电子商务是发生在开放网络上的包含企业间、企业和消费者间的商业交易。

全球信息基础设施委员会(GIIC)认为，电子商务是运用电子通信作为手段的经济活动，通过这种方式，人们可以对带有经济价值的产品和服务进行宣传、购买和结算。

惠普(HP)公司提出电子商务、电子业务、电子消费和电子化世界的概念。其中，电子商务(E-Commerce)是指通过电子化手段来完成商业贸易活动的一种方式，即以电子交易为手段完成物品和服务等的交换,是商家和客户之间的联系纽带。电子业务(E-Business)是一种新型的业务开展手段,通过互联网使公司、供应商、合作者、消费者之间利用电子业务进行信息共享,不仅能够有效增强现有业务进程的实施,而且能够对市场等动态因素做出响应,并及时调整当前的业务。电子消费(E-Consumer)是指人们使用信息技术进行娱乐、学习、工作、购物等一系列的活动,并使家庭的主要娱乐方式从电视转向互联网。电子化世界(E-World)即指前面三个概念的总和。

虽然各个国家、各个组织对电子商务概念的界定各有不同,但有一点却是相同的,那就是电子商务是一种通过现代信息技术和电子工具实现各种商务活动及企业运营的方式方法。

二、电子商务的特点与功能

电子商务作为一种商业运营模式,是互联网时代的产物,本身也具备互联网的开放性、全球性的特点。除此之外,电子商务还具有其他的特点。第一,电子商务活动的效率得到了大幅提高,突破了原有的时空限制,可以做到全天 24 小时的经营和全球化的经营。第二,电子商务可以进行更加精确的营销和客户服务,通过数据分析为顾客提供精准的、个性化的商品信息推送,极大地提高了营销的效果,同时也为顾客节省了时间。第三,电子商务具有普遍性的特点。电子商务已经成了一种经营趋势和一种深入人心的商务模式,传统企业纷纷加入电商的浪潮中。第四,电子商务具有良好的互动性。商家通过电商平台进行产品的推广与宣传,同时也建立了良好的企业形象,并且通过网络通信工具与消费者保持良好的互动,也有助于企业进行危机公关。第五,电子商务促进了企业的流程再造和企业的创新。在信息环境下,企业通过电子商务促进了自身的变革,加快了产品的流通,能够及时得到用户的反馈,为企业的变革和创新制造了良好的氛围。第六,电子商务推动了网络安全系统的建设。电子商务的交易信息流和资金流需要通过互联网来完成,这就激励了互联网安全系统的升级换代。

三、电子商务的发展

电子商务始于 20 世纪 70 年代,发展于 20 世纪 90 年代。在十几年的时间里,已经得到了快速的发展。其发展对我国的经济发展起到了很大的促进作用,解决了大量的就业问题,并促进了物流业、信息产业、金融业、服务业的全面发展和社会的全面进步。

(一) 电子商务的起源与发展

20 世纪 70 年代,电子商务的应用有了雏形,即企业间的电子数据交换(Electronic Data Interchange,EDI)和银行间的电子资金的转账(将资金从一个企业划拨到另一个企业)。20 世纪 80 年代,使用网络的企业逐渐增多,从初始的金融机构开始蔓延到制造业、零售业、服务业及其他行业。1991 年,美国政府允许互联网向社会开放,网上商业应用系统应运而生。1993 年，万维网出现，这是一种可以处理数据、图文、声像并具有超文本链接能力的网络技术，使得互联网具有了支持多媒体应用的功能。1994 年，美国人贝索斯创办了全球第一家 B2C(Business to Consumer)电子商务公司——亚马逊，从此全球电子商务时代拉开了帷幕。与此同时，美国工程师皮埃尔·奥米迪亚创建了一家便于收藏和爱好者交流的网站——eBay 网，这也是全球第一家 C2C(Consumer to Consumer)模式的电子商务网站。贝索斯与奥米迪亚共同开启了全球电子商务的时代。1995 年以后，新的网络应用形式一个接一个出现，全球的大中型企业几乎都有了自己的网站，这些企业或组织利用网络使员工、商业伙伴或公众十分方便地获取到公司的信息资料。1997 年，美国联邦政府要求各部门全面采取电子商务的方式，电子商务开始以新商业模式运作，把虚拟的网络经济与传统经济结合在一起，创造了全新的商业运作模式。

21 世纪以来，电子商务以新服务、新应用、新模式推动了企业的经营与运作，极大地拓展了用户和市场资源，也不断地提高了自身的经营运作效率与水平。电子商务的发展不再局限于商业领域的应用，而是延伸到教育、医疗等领域，形成了 E-概念的电子商务，使在线教育、在线医疗、互联网金融的理念逐渐深入人心。而电子商务的应用和发展也形成了三个主要阶段：第一个阶段是电子商务营销时期，主要在互联网上宣传、推送个性化、互动性强的产品推介；第二个阶段是电子交易时期，形成了亚马逊、eBay 网等商务经营形式；第三个阶段是电子决策时期，电子商务对整个商业或社会的价值链管理进行高度的整合，云计算技术和大数据技术得到广泛的应用，电子商务的触角进入各个行业，人们的消费观念在逐渐改变。现在正是电子商务的第三个发展阶段。

(二) 我国电子商务的发展

我国电子商务起源于 20 世纪 90 年代初的电子数据交换的电子商务应用。1993 年，国家成立了国民经济信息化办公室，政府组织实施"三金工程"，工程的顺利开展为电子商务的发展打下了良好的基础，促进了我国互联网的发展。同时，互联网的发展也带动了电子商务的发展。1998 年 3 月，中国第一笔互联网网上交易成功，此后互联网在商贸行业的应用与推广逐渐得到普及。1999 年被称为"中国电子商务第一人"的王俊涛成立了我国第一家 B2C 网站——8848，主要用于在线销售软件和图书。但是，在 2000 年互联网泡沫破裂时，8848 的商业模式过于新潮，最终因消费者没有完全理解其内容而倒闭。1999 年，马云在杭州创办了我国第一家 B2B 网站公司——阿里巴巴网络技术有限公司。2000 年，中国电子商务的行业组织——中国电子商务协会在北京成立，架起了国内外电子商务发展的桥梁。随后大批的传统企业参与到电子商务的浪潮中，电子商务的发展速度十分惊人。我国的电子商务在 2003 年"非典"之后得到爆发式发展，当当、卓越、淘宝、天猫、京东等著名的电子商务网站相继成立并快速发展。大批的中国互联网网民们接受了网络购物的模式，许多有特点的、有专业性的中小电子商务企业进入了电商领域，使电子商务的发展更加多元化。在电子商务快速发展的形势下，我国的信息化基础设施建设也取得了长足的进步，经营双方的信任也得到了加强，物流业也更加快捷、安全。随着电子商务的发展，我国已经涌现出了在电子商务经营中各种模式的精英企业,积累了大量的电子商务管理经验、营销方法,有了大量的资金投入。为了促进电子商务的发展,国务院在 2015 年出台了《关于大力发展电子商务加快培育经济新动力的意见》,指明了未来我国电子商务的发展之路。另外国家还出台了《关于加快发展农村电子商务的意见》,使电子商务能够为农村服务提供政策支持。2019 年,直播电商全面爆发。淘宝直播全年 GMV(成交总额)超过 2000 亿,快手与拼多多、京东建立合作,抖音也推出精选联盟。2020 年,在疫情影响下,明星、网红、县长、企业家等纷纷走进直播间,为滞销的商品寻求"最后一根稻草"。2023 年,中国电子商务市场规模进一步增长至 50.57 万亿元,同比增长 6.31%。全年网上零售额 15.42 万亿元,同比增长 11%,连续 11 年成为全球第一大网络零售市场。移动互联技术和智能手机的发展,也促进了移动电子商务,特别是网上零售业的发展,使网上购物摆脱了一定的束缚,更加方便与快捷。

四、电子商务发展的规模和社会贡献

电子商务近年来在我国得到了快速发展。我国有网民将近 8.29 亿人,其中参与电子商务的人数达到 7 亿左右。仅 2018 年电子商务的市场规模就达到了 31.63 万亿元,同比增长 8.5%,是同期 GDP 增长的 3~4 倍。其中 O2O(Online to Offline)增长近 25%,网络购物增长 24%,这两项是电子商务强势增长的动力。2019 年,我国电子商务的规模超过 34 万亿元人民币,而且后来 5 年间电子商务的增速也保持在 15%~20%之间,成为我国经济增长最为耀眼的产业之一。

电子商务不仅带动了经济的增长,而且还解决了近 5000 万人口的就业问题。电子商务的发展带动了社会的整体发展。在 2019 年 11 月 11 日当天,仅在阿里巴巴集团下发生的网络购物交易额超过了 2684 亿元,共发生 12.92 亿笔交易,产生将近 10 亿件包裹。这么大量的交易对互联网、银行和物流业都是严峻的挑战,但是,随着我国前些年对于"双十一"购物节的预判与建设,行业已经能够比较从容地应对如此之大的考验。星图数据发布的《2023年双十一全网销售数据解读报告》显示,2023 年双十一期间(10 月 31 日 20:00 至 11 月 11日 23:59),综合电商平台、直播平台累计销售额为 11 386 亿元,同比增长 2.08%。通过大数据分析、人工智能推荐等技术手段,电商平台实现了对用户个性化需求的精准满足,从而引导消费者完成更多、更有深度的购物决策。目前在我国无论是城市还是农村,信息化的基础设施相对完善,人们无论在哪里都能享受到便利的无线上网条件,这样更会加速移动电子商务的发展。

电子商务的发展不仅极大地促进了经济的发展,而且带动了就业,带动了社会的全面发展。未来电子商务的发展将会更加人性化,以大数据和云计算技术为主,提供更加时尚化、个性化和更细致的服务内容。同时信息通信技术也将得到强有力的支持,特别是移动互联技术和智能化的物流系统的发展,也将把中国的电子商务产业带到新的高度。

第三节　"互联网+"背景下电子商务管理的理论基础

一、电子商务的主客体及其关系

(一) 电子商务的虚拟主体

电子商务起源于互联网，而网络空间具有虚拟性。虚拟空间是人类生存空间在互联网世界的延展，同时人的主体性也发生了延展。这就使电子商务具有独特的虚拟主体性，即人在虚拟空间展现的主体性。虚拟主体与现实主体的主要区别在于主体可以与物理空间的身体相脱离，允许"身体离场"，极大地拓展了"自我"的形态，使主体的存在方式出现了两重性，即"自我"与"网我"。

虚拟主体被认可是电子商务发展的必要因素之一。在网络空间里，虚拟主体通过网络展示自己的主体形象，创建自己的主体身份，并通过如网络银行、网上交易等行为完成主体的责任。虚拟主体依附于现实的主体之上，其行为和后果由现实主体承担。在电子商务运营过程中，虚拟主体的电子签名和认证能够确认交易主体的身份，其行为受到法律的保护。虚拟主体的特殊性造就了电子商务与传统商务的不同模式，为电子商务提供了不同的发展道路。

(二) 电子商务的主体

电子商务经营中，按照经营的形态和层次来划分和标识的主体有第三方电子商务交易平台、个人网店、消费者、政府等类型，这些主体是电子商务运营的主要力量；同时，电子商务的主体还能够发挥主观的能动作用，调节自身的需求、目的、行为等，这也是电子商务及其发展最为关键的因素。

1) 第三方电子商务交易平台

电子商务始于第三方电子商务交易平台的发展，这些平台促进了企业间、个人间的经济交流和合作。大型的第三方交易平台的崛起预示着电子商务时代的到来。按照经营形式，第三方电子商务交易平台可以划分为 B2B、B2C、C2C 等种类。企业电商或个人卖家在第三方交易平台中进行商务活动。第三方除了为交易双方提供交易平台，还为双方制定了相关的规章制度，并有义务协助审查违法违规的经营活动，接受顾客的投诉，进行商务营销与策划，提供第三方担保，负责网络平台的正常运营等。第三方电子商务交易平台是电子商务交易双方的服务提供商，具有中立性的特点，维护好买卖双方的合法利益，是其最主要的职责。同时，第三方平台还具有以下特点：① 开放性，接纳合法的商家和买家；② 虚拟性，买卖双方的活动均在网络上进行；③ 营利性，提供的服务是一种有偿服务，是市场经济中的一种形式。另外,第三方交易平台一般具有创新性的特点,不断地扩展电子商务的边界,不断地利用互联网的特点来发展商务经营的模式。第三方交易平台的设立,极大地方便了交易双方的经营活动,合理地促进了双方的商务往来。

2) 个人网店和企业电商

个人网店和企业电商是电子商务往来中的卖家,主要为消费者提供合法的产品和服务。个人网店和企业电商是电子商务环节中最为活跃的一环,与传统卖家有许多共同特点,但也具备自己的特殊性。首先是虚拟性,电子商务的交易活动是在互联网上进行,双方并没有真实的接触。其次是交易成本大幅降低,网络的开放性和虚拟性使卖方能够更加自如地在网络上宣传自己的商品,省去了大量的场租与人工成本。最后是具有时空的非限制性,在世界的各个地方,一天 24 小时,一年 365 天,均可进行商务交易和往来。另外,个人网店和企业电商还承担着产品和服务创新的功能,为消费者提供更加多样化的产品和服务,丰富和繁荣市场经济。

3) 消费者

消费者一般是电子商务活动中的买方,受到消费者权益保护法的保护,是电子商务经营活动中的利益享有者之一。消费者通过互联网上的交易丰富了自己的物质世界和精神世界,接受卖方提供的产品和服务,并有权进行投诉。当然,消费者在交易的过程中也要履行自身的义务,按照电子合约的要求来履行自己的职责。

4) 政府

政府是电子商务经营活动的监督者,有权监督第三方交易平台和买卖双方的交易往来,并为其提供网络基础设施建设和物流基础设施建设;对于违法违规的经营活动,政府会进行有效处理,稳定市场的繁荣,并且合理地制定电子商务法,为电子商务合理、有序运营发展提供有利条件。另外,政府还要对电子商务进行正确的价值观引导,构建讲诚信、讲道德的经营环境。政府不仅是电子商务的监督者,同时还要大力发展电子政务,提高政府信息化水平和办事效率。政府通过电子商务不仅要繁荣市场经济,还要有效地进行传统文化的传播和电商扶贫工作,并接受社会的监督。

5) 其他利益相关者

其他利益相关者主要指的是电子商务行业的主要从业人员,包括电商平台的管理者、创新研发的工程师、市场销售人员、客服人员以及生产厂家和物流配送人员等。他们是电子商务发展的直接受益人,是维护电子商务有序、健康发展的主体,也是电子商务创新的主体。

(三) 电子商务的客体

1) 计算机和网络通信设备

计算机和网络通信设备是电子商务发展的前提和基础,计算机技术和通信互联技术的快速发展造就了电子商务的今天。不断更新换代的电子产品为电子商务的发展提供了有力的支持,保证了信息流的畅通。移动互联技术的发展又极大地扩充了电子商务发展的空间,为电子商务的又一次突破式发展提供了便利的条件。同时，计算机和网络通信设备的发展也在不断扩充电子商务发展的边界，大容量信息存储技术、多媒体技术、大数据分析技术等都是电子商务不断发展的重要基石。

2）产品或服务

电子商务早期发展的主要因素是它提供了价格低廉的产品。随着电子商务边界的不断扩大，人们已经不只满足于价格低廉的产品，同时需要产品和服务多样化。电商在经营过程中需要不断对产品和服务进行创新，为消费者提供各式各样的产品和服务。产品和服务是电子商务客体中的关键因素，直接影响商家的经营和消费者的体验。优质的产品和服务才是电子商务持续发展的关键。

3）物流和交通运输

一方面电子商务在发展过程中促进了物流业的发展，另一方面便捷、快速、安全的物流系统是电子商务发展的另一个关键，也是消费者消费体验的重要一环。物流和交通运输已成为电子商务运营以及未来发展的重要环节，其自动化的成果将会极大提高生产效率，突破电子商务发展的瓶颈，为其有序发展提供保障。

4）资金及其他

资金是电子商务运营中不可或缺的环节。资金有序、安全的流动能促进电子商务的繁荣。电子商务的发展促进了电子支付的发展，也促进了互联网金融的发展；而电子支付和互联网金融的发展与创新也为电子商务带来了更加便捷的支付方式，改变了人们消费的和支付观念，促进了电子商务的发展。强大的经济实力和资金往来是市场经济繁荣的表现之一。

除了以上各项要素，电子商务的客体还包括其他与电子商务及其运营相关的一系列物质与文化产品。

（四）电子商务主客体的关系

电子商务之所以在早期快速发展，主要是客体基本符合主体的需求，符合市场经济的发展规律。客体对于主体的价值，必然依据主体的情况而表现出多元化、多维性和时效性的特征。主体与客体的关系更是一种动态的关系，客体需要不断地创新与发展才能更好地满足主体的需要。主体随着电子商务的发展不断地发生变化，客体同样需要不断地发展，主客体之间的关系也会相应变化。电子商务的发展就是电子商务主体与客体之间关系的发展。电子商务要在与时俱进中不断地丰富和发展，在矛盾运动中前进。

二、从部分与整体、个别与一般的角度看电子商务

电子商务的主体，在其运营中具有分层次的特点，这样电子商务就具备了部分与整体的哲学特点。个人网店和企业电商与第三方交易平台具有部分与整体的联系，第三方交易平台与电子商务行业也具有部分与整体的联系。在全球化的视野下，我国的电子商务经济与世界的电子商务经济同样具备部分与整体的联系。电子商务的部分与整体之间是一种辩

证的关系，具有独立性的特点。首先，电子商务的部分与整体之间相互依存、相互对立，在对立统一中发展。电商在经营过程中的部分可能与整体的经营理念，包括营销策略、政策实施等都存在着不同的观念，但是部分又离不开整体的发展，整体同样要通过部分的发展达到整体的经营效果，部分与整体就是在矛盾的运动中不断发展的。其次，部分与整体之间能相互转化。电子商务的发展有着明显的分层次的特点，个人网店、第三方交易平台、电子商务产业、全球电子商务产业或国家经济规模具有不同的等级，在部分与整体相互转化间，其独立性和反思性逐渐于不同层次中显现出来。最后，整体不一定等于部分之和。部分与整体之间和谐发展，在互相促进、共同发展的情况下整体显现的作用将会大于部分之和。如果部分与整体之间矛盾重重，部分与部分之间过度竞争，整体的作用将会小于部分之和。具体的形式需要经过具体的分析。整体具有整体的优势，部分也具有部分的优势，双方在矛盾的运动中对立统一地发展，通过良性的竞争刺激部分的创新功能，才是电子商务发展的好模式。在电子商务发展中，部分要符合整体的发展思路，具有整体的观念；同样，整体也需要构建适合部分发展的环境，为部分营造好的经营环境。部分与整体共同发展，才能繁荣电子商务经济。

除了从部分与整体的思路看待电子商务及其发展，还可以从个别与一般的角度，或者从特殊与普遍的角度来看待电子商务的发展。电子商务最主要的特点就是通过互联网来进行商务经营的往来。但是，从个体发展的角度来看，不同个体具有不同特点，不同个体的创新点也不同，电子商务的经营要能满足消费者的多样的需求。另外，个体的特殊性或个别性是电子商务个体在竞争中的核心竞争力。当然，个体间需要达成一定的共性(主要是经营的规则)，才能使电子商务经营有序，发展合理。共性是所有成员都必须具有的，也是必须遵守的。个性与共性是相互促进、相互对立的辩证关系。

三、从认识与实践的角度看电子商务

认识与实践是人类的两项基本活动，人类的发展是在认识与实践的矛盾运动中不断演进的，电子商务的形成与发展同样离不开人们的认识与实践。认识是主体对客体的一种观念的掌握，是使主体能够有效地了解世界的活动。人的思想观念不管形式上多么复杂与抽象，归根结底来自对客观对象的反映。当然，这不仅是简单的反映，也包含着主体对客体信息的加工处理和观念的建构，是主体和客体在观念中的统一。人们一开始对于电子商务的认识是从商务往来的便捷性角度出发的，电子商务的主体能够方便、快捷地进行商务交往；同时，通过对客体的研究、加工和处理，人们的观念中形成了电子商务经营的方式，最终达到了主体与客体在观念上的统一。电子商务，是指人们通过网络进行商务活动，它突破了时间与空间的限制。在时间和空间上，电子商务的发展符合人们对未来商务发展的预期。在认识内容上，人们通过认知、评价、建构电子商务，逐渐接受电子商务的模式。当然，光有认识还是远远不够的，电子商务的发展主要在于人们在认识基础上进行了实践。而价值是在实践中产生、在实践中解决、在实践中发展的，实践是一切价值的源泉。电子商

务的价值就在于人们不断地实践，通过实践反思电子商务的功能，从而更好地认识电子商务的价值，再反过来指导实践。可以说，电子商务是人们在不断地实践中认识发展的。以电子商务为主的信息化产业模式具有更加鲜明的特点，不通过实践绝对不会认识其发展的真正内涵，不会了解其真正的便利性，当然也不会认识和批判其不足。正是这种实践使电子商务不断地完善，它既作为动力，也作为条件，促使其本身不断地演化和更迭。

四、电子商务及其发展中的异化问题

马克思把"劳动"的概念与"异化"的概念相结合，意识到了政治异化只是表层的形式，更深层次的原因在于经济异化，并对这一现象进行了分析与解释，提出了极富独创性的概念：异化劳动。异化的本质可以理解为主体与客体所处的特殊关系，即主体创造了客体，客体却反过来成为主体的统治者。电子商务的异化便是指脱离了电子商务的本质，主体的自我意识与电子商务经营的实质相背离，电子商务的客体在一定程度上控制着主体的行为和思想。电子商务及其发展中的异化问题并非电子商务的主流问题，但是同样需要得到重视，如果忽略的话，将会对主体造成伤害。

第一，电子商务以其价格低廉和极其丰富的产品吸引了广大的消费者，特别是在每年定期或不定期的促销活动中方便了消费者的购物，为消费者和商家带来了切实的利益。但是，部分消费者只考虑价格低廉的问题，而忽略了购物的本质和产品的实际用途，就会产生异化问题——消费者购买大量无用的商品，造成极大的浪费。另外，部分商家的促销，特别是返券打折等活动，同样会造成大量的产品在消费者手中的积累，造成严重的浪费。还有，电子商务方便了购物环节，特别是移动互联技术的发展，更促进了购物的便捷性，有些消费者将浏览电商网页作为一种习惯，将下单购物作为一种日常爱好，又因冲动消费而购置了大量无用的产品。电子商务本是方便快捷的商务活动，却因为消费者购物的不理智行为使得产品的用途无法发挥出来，造成产品和资金的极大的浪费。

第二，电子商务在发展过程中的社交网站和即时通信工具为人们在虚拟空间的交流打开了方便之门，知识和信息在互联网世界快速传播，自媒体时代又使人的个性得到了充分的展示。但是，在交流与沟通方面，有些人沉迷于网络世界的交流，却忽略了在现实空间的交流，致使自己在虚拟空间的交流能力大幅提升，而在现实空间的交流能力急剧下降，甚至忘记与现实的人如何沟通交流。这就是电子商务中沟通的异化。在互联网的世界里，人们突破了时空、阶层的限制，彰显了个性，但是在现实的生活中，人与人之间的感情日趋淡薄，有些人甚至沉迷于网络的虚拟空间或游戏空间而无法自拔。这是电子商务在发展过程中最为严重的异化问题。

电子商务发展过程中的异化是发展中的问题，虽不是主流问题，但也需要高度重视。解决或缓解电子商务异化所产生的问题，不仅需要主体的自我觉醒，还需要对主体的社会价值观进行正确的引导，为电子商务的健康发展提供良好的环境。

第二章 "互联网+"背景下电子商务的发展趋势

第一节 互联网的发展历程

一、互联网在中国的 30 年发展历程

1994 年 4 月 20 日，中国科学院计算机网络中心通过国际专线连入 Internet，实现了中国与 Internet 的全功能连接。1994 年 5 月 21 日，中国国家顶级域名(.CN)服务器进驻中国。1997 年 10 月，中国实现了四大主干网的互联互通，同时开展了"政府上网工程"等信息建设项目，推动了全社会的信息化和互联网化。1999 年 9 月 6 日，中国国际电子商务应用博览会在北京举行，标志着中国电子商务正式起步。

2000 年基于互联网的应用得到了很大的发展，诞生了新浪、搜狐等四大门户网站。2003 年"非典"的暴发给中国电子商务带来意外的发展机遇，淘宝等电子商务平台的出现催生了电商新模式。2004 年，"支付宝"第三方担保支付形式出现，有效解决了电子商务交易过程中交易信任的痛点。2005 年，百度在美国纳斯达克上市，搜索业务成为中国互联网应用新的增长点，同年以博客为代表的 Web2.0 概念推动了中国互联网的发展。2007 年，BAT 三家公司跻身全球最大互联网企业之列。同年我国《电子商务发展"十一五"规划》发布，首次在国家政策层面确立了发展电子商务的战略和任务。2009 年，中国进入 3G 时代，只能在 PC 上获得的业务纷纷往移动终端迁移，移动电子商务逐渐兴起。

2010 年，中国互联网企业掀起了新一轮海外上市热潮，包括优酷、土豆在内的许多公司都在美国上市。2011 年 1 月腾讯推出微信。2011 年 5 月国家互联网信息办公室正式设立，同月中国人民银行下发首批 27 张第三方支付牌照，开放平台成为当年互联网发展重要趋向，百度等纷纷开放平台，"平台+应用"的竞合格局时代来临。

2012 年 2 月《物联网"十二五"发展规划》发布。2012 年 7 月《"十二五"国家战略性新兴产业发展规划》提出实施宽带中国工程。2013 年 6 月支付宝推出余额宝，互联网金融产品异军突起，成为创新发展热点。2013 年 12 月 4G 牌照正式发放，基于 4G 应用的可穿戴设备成为创业投资热点。2014 年 11 月 19 日首届世界互联网大会在乌镇召开，共商

互联网发展大计，标志着互联网应用进入新阶段。2016年，依托互联网技术，从共享单车开始，共享充电宝、共享衣橱、互联网打车、外卖平台等共享经济出现，人们的生活越来越便利。2021年，为了缩小数字鸿沟现象，以北京市为代表的各地区逐渐简化网上办理就医服务流程，为老年人提供语音引导、人工咨询等功能服务。截至2023年12月，我国超过1.4亿台智能手机、智能电视完成适老化升级改造，数字鸿沟持续弥合。依托互联网，ChatGPT、文心一言、通义千问等AI技术迅猛发展，再次改变了人们的生活。

二、移动互联网的发展历程

萌芽期(2000—2007年)。该时期由于受限于移动2G网速和手机智能化程度较低，中国移动互联网发展处在一个简单WAP应用期。WAP应用把Internet网上HTML的信息转换成用WML描述的信息，显示在移动电话的显示屏上。由于网速的原因，显示的信息和形式有限。

成长期(2008—2011年)。随着3G移动网络的部署和智能手机的出现，网速大幅提升，破解了手机上网带宽的瓶颈，移动智能终端(包括手机和平板等设备)让移动上网功能得到了增强，中国移动互联网掀开了新的发展篇章。

快速成长期(2012—2013年)。具有触摸屏功能的智能手机的大规模普及应用解决了传统键盘手机上网的诸多不便，苹果和安卓智能手机操作系统的普遍安装和手机APP极大地丰富了手机上网功能，移动互联网应用呈现了爆发式增长。

全面发展期(2014—2020年)。随着4G网络的部署和应用，移动网速得到极大提高，网速瓶颈限制得到基本破除，网络资费也有了大幅度下调，移动应用场景得到极大丰富，媒体呈现形式逐渐多元化，文字、声音、短视频立体呈现。

未来发展期(2020年以后)。5G网络作为第五代移动通信网络，峰值理论传输速度可达每秒10GB，比4G网络的传输速度快数百倍。这意味着，一部超高画质电影可在1秒之内下载完成。5G不仅大幅提升了数据传输的速度，还带来了更低的延迟、更强的可靠性和更大的连接密度，为物联网、自动驾驶、远程医疗、虚拟现实等前沿技术的应用提供了坚实的基础。这些特性使得5G成为推动未来数字经济发展的重要力量，开启了万物互联的新时代。

三、计算模式的变革：云计算和大数据

计算模式每隔15年发生一次变革，20世纪60年代以大型机为主，计算能力被少数机构独占。以美国的IBM公司为代表，一般企业根本没有机会使用。到20世纪80年代，计算模式过渡到PC和小型机时代，企业可以比较方便地购买到硬件设备以获得计算和储存能力，但是存在计算机架构不灵活、资源利用率低等问题。用户放弃自建数字中心，开始租用互联网数据中心的软硬件，可以给用户提供大规模、高质量、安全可靠的专业化服务器托管、空间租用、网络批发带宽、计算和处理数据等服务。

云计算属于分布式计算，指通过网络将巨大的数据计算处理程序分解成无数个小程序，然后通过多部服务器组成的系统分别处理和分析这些小程序，得出结果并返回给用户。早期云计算就是分发、解决任务，并进行计算结果的合并处理。现阶段所说的云服务不单单指分布式计算，而是分布式计算、网络存储、虚拟化等计算机技术混合运行的形式。

大数据通过对海量数据进行分析，以及在分析基础上进行数据挖掘和智能决策，能发现数据的变化以及各数据间的相关性，并挖掘以往被轻视或者没有发现的规律，实现对用户行为的预测，从而可以有针对性地做出前置决策。

21世纪开创了大数据和云计算时代，其核心内容是按需获取，降低了用户的使用门槛，使计算能力成为像水、电、煤气等一样的社会公用基础设施，以服务的方式，按照用户需求提供计算能力。下一代的计算模式的核心是大数据和人工智能，日常社会生活中海量数据的产生，能够给人工智能的发展提供足够的基础数据。

四、从信息经济到数据经济的跨越

纵观人类近代的发展历程有两个重要的跨越。第一个跨越是从工业革命向能源革命的跨越。工业革命时代以英国的蒸汽机为代表，特点是解放体能，实现大规模生产。能源革命时代以美国的电力为代表，特点是能源非常廉价，贸易活动非常繁荣。

第二个跨越是从计算革命向数据革命的跨越。马云曾经说过，以控制为出发点的 IT 时代，正在走向以激活生产力为目的的 DT 时代。计算革命处于以美国的计算机产业为代表的信息经济时代，特点是专业的计算构筑完整的产业链。数据革命处于以美国和中国的云计算、大数据、人工智能为代表的数据经济时代，特点是解放大脑，万物智能互联，构筑起平台生态圈。

五、"互联网+"成为国家战略

2015年3月5日，第十二届全国人民代表大会第三次会议在北京召开，李克强总理作政府工作报告。他指出："制定'互联网+'行动计划，推动移动互联网、云计算、大数据、物联网等与现代制造业结合，促进电子商务、工业互联网和互联网金融健康发展，引导互联网企业拓展国际市场。国家已设立400亿元新兴产业创业投资引导基金，要整合筹措更多资金，为产业创新加油助力。"在整个报告中共有八次提到互联网，两次提到互联网金融，这标志着"互联网+"概念契合我国的经济社会发展现状，已经被国家高度认可，政府将从国家层面建立互联网发展战略，为我国经济转型升级提供新路径。

在这个变革的时代，世界上所有的传统行业、传统应用和相关服务都会被互联网改变。变革的时代也会孕育商机，基于互联网的商机将给社会带来新的巨变。随着互联网与传统行业融合的不断深入，互联网将爆发出更大的正向推动社会发展的能量。

"互联网+"其实就是把互联网和各种传统行业有机结合起来，创造出新业态，比如互联网教育、互联网金融、互联网交通、互联网农业等。"互联网+"不会颠覆原有行业，而是鼓励基于互联网的产业创新，促进各行业跨界融合，实现对原有行业的"升级换代"，充分利用互联网的优势释放出新的增长点。中国经济正面临转型升级的难得机遇，互联网成为改造传统产业的一把钥匙。

第二节 "互联网+"的电子商务应用

一、电子商务的发展特点

传统的商品流通方式是从生产商—总代理商—一级代理商—二级代理商—经销商—消费者这样的链式销售模式，商品从生产出来到出售给消费者，经历了层层加价。消费者在整个链条的末端，信息严重不对称，各级经销商作为销售的主渠道将生产者和消费者屏蔽起来，这种模式长期来看无法保证生产和销售的长久发展。

随着网络的发展和普及，网络经济成为世界经济增长的新趋势，伴随着这种新的经济发展方式发展起来的电子商务活动也正在逐渐改变着传统经济发展方式和商品流通方式。

电子商务的发展打破了传统的链式经销模式，生产商和消费者可以通过电商平台建立联系，消除了商品销售过程中的信息不对称；同时也可以通过平台的商品销售记录，轻易实现生产过程和销售过程的全程回溯。在商品销售过程中，支付环节可以借助第三方完成信用支付，配送环节可以利用物流及时将商品送到消费者手中，同时生产商可以通过电商平台及时地完成各种售后或者技术服务。可以说电子商务已经撼动了传统商务活动所形成的封闭局面，传统的商务活动借助互联网这种新手段得到了极大的发展。

二、电子商务的模式分类

电子商务的模式分类如下。

(1) B2B(Business To Business)。B2B 是指企业与企业之间的商务交易模式，以阿里巴巴公司为代表。阿里巴巴是企业之间的电子商务交易平台，为企业提供海量商机信息和便捷、安全的在线交易渠道。它利用数据分析技术帮助客户企业从海量的商品中甄选热销商品、优质企业，为买家大批量批发提供意见和参考。

(2) B2C(Business To Consumer)。B2C 是指企业与客户之间的商务交易模式，以天猫为代表。天猫整合数千家品牌商、生产商，为商家和消费者之间提供一站式解决方案。由于这种平台对进驻商家有一定的要求，可以在一定程度上保证商品的质量和售后服务；同时由于是品牌商提供销售服务，因此客户可以在某一店铺完成多种商品的一站式购物服务，节省大量甄别和选择的时间。

(3) C2C(Consumer To Consumer)。C2C 是指客户与客户之间的商务交易模式，以淘宝为代表。淘宝是以网上零售为主,整合了团购、分销、拍卖等多种电子商务模式的综合性零售商圈模式。社区化、内容化和本地生活化是以后零售平台发展的三大方向。卖家利用微信、微博等生态圈的内容平台,展示自己的商品,紧密打造从内容生产到内容传播、内容消费的闭环生态体系。

(4) C2B(Consumer To Business)。C2B 是指先由消费者提出需求,后由生产企业按需求组织生产的销售模式,商品的主导权由生产商本身转移给了消费者。这种消费模式,强调用"汇聚需求",取代传统"汇聚供应商"的购物中心形态,被视为是一种接近完美的交易形式。C2B 模式充分利用网络的特点,把分散的消费者及其购买需求聚合起来,形成类似于集团购买的大订单。在采购过程中,可以与生产商进行价格谈判,争取最优惠折扣。消费者不但可享受到以批发商价格购买商品的实际优惠,还获得了参与感和成就感。

(5) O2O(Online To Offline)。O2O 是指将线下的商务机会与互联网结合,让互联网成为线下交易的平台,实行差异化营销,将线下的客户引流到网络上。通过 O2O 模式,将线下商品或服务在线上进行展示,并提前在线支付"预约消费",这对于消费者来说,不仅拓宽了选择的余地,还可以通过线上对比选择最令人期待的服务。这种模式首先能充分挖掘线下资源,进而促成线上用户对线下商品或服务的购买;其次可以对商家的营销效果进行直观的统计和评估,规避了传统营销模式推广效果的不可预测性;最后将线上订单和线下消费结合起来,使所有的消费行为均可以准确统计,进而吸引更多的商家进来。

(6) H2H(Human to Human)。H2H 是指生活服务信息将提供者和消费者联系在一起,便捷地为双方建立起联系,将移动互联和生活服务有机结合在一起。商户提供的产品和服务还是要落地到人的环节,因为不管采取何种商业模式,最后都会落到人与人的互动上。现在越来越多的公司意识到实现真正的增长,就是提升客户的体验效果。这个体验不单单在于对产品的满意程度,更多的时候是一种情感上的体验。客户体验在商业运营模式中占有越来越重的比例,例如拼多多,致力于将娱乐社交的元素融入电商运营中,通过"社交 + 电商"的模式,让更多的用户带着乐趣分享实惠,享受全新的共享式购物体验。用户如果觉得产品好用之余,还感觉用得很开心,以后就会购买更多的产品。

三、基于"互联网+"的电子商务应用

"互联网+"为互联网与传统行业之间的深度融合提供了基础支撑,也为新经济发展转型提供了新途径。对于传统行业而言,"互联网+"时代的到来,可以提供创新性的发展机遇;但不能简单地将传统行业与互联网加在一起,而是要找出传统行业中一些无法解决的行业痛点,再利用互联网的思维和工具解决这些问题,将互联网深度融入传统行业。从"互联网+"对电子商务的影响来看,电子商务企业在国家相关政策的支持下开展的商业模式创新,可以让企业的销售渠道得到拓展。"互联网+"模式对我国电子商务领域的进一步发展有着积极的促进作用。电子商务解决了支付问题之后,已经从最早期的线上交易、线下支付形式转变为全部线上完成。随着电子商务的发展逐渐转变为以客户需求为中

心，满足客户的个性化需求，此后的发展方向变成把电子商务的研究重点放在用户身上，注重用户在选择、购买产品中的购买体验。

四、中国电子商务的蓬勃发展

截至 2017 年 12 月，我国网民规模达 7.72 亿，其中手机网民规模达 7.53 亿，网民中使用手机上网人群的占比由 2016 年的 95.1%提升至 2017 年的 97.5%。2017 年中国网络购物用户规模已经达到 5.4 亿人。随着中国经济的跨越式发展，中国居民消费升级的渴望十分强烈，因此庞大的互联网人口是开展电子商务的基础。

2011 年中国制造业已经超过美国成为世界第一。2016 年中国又发布了《中国制造 2025 计划》，确定了中国制造业发展规划。现阶段中国产业门类齐全，但产业集群的发展仍然处在初级阶段，电子商务对产业集群经济增长具有很强的拉动作用。

"大平台＋小前端＋富生态角色"已经成为互联网时代的产业组织形态，全球互联网企业 TOP10 中美国占 6 家，中国占 4 家，已经形成了美国、中国两强鼎立的局面，但同时必须看到中国与美国全方位的、巨大的差距。美国的零售业十分发达，省去了物流的时间和费用，居民购物十分便捷、快速。中国中东部和西部地区商业基础差别很大，这些基础设施的不完善反而有利于中国电商弯道超车，规避不利因素，实现跨越式发展。同时各级政府秉持宽容新事物、管得少的原则，对电子商务的发展也起到了促进作用。

2015 年国家出台了《关于大力推进大众创业万众创新若干政策措施的意见》，从政府层面大力推动创新创业，在全社会形成全民创业的舆论和氛围。创业者具备创新创业、拼搏进取的精神特质，永远以奋斗者的姿态正视创业，拥有对未来和梦想的实现热情和努力奋斗的精神，对电子商务的发展也起到助推作用。

2020 年，面对新冠疫情的挑战，电商交易服务依然保持良好增长势头，规模再上新台阶。2020 年，中国电子商务交易服务营业收入达 1.15 万亿元人民币，其中 B2B、B2C 和C2C 平台服务营业收入规模分别为 1517 亿元、6503 亿元和 3449 亿元人民币。

2021 年，丝路电商在共建"一带一路"中取得新突破，中国与五大洲 23 个国家建立了双边电商的合作机制，共同加强规划对接、产业促进、能力建设等合作。

《2023 中国电商市场数据报告》显示，2023 年中国电子商务市场规模达到了 50.57 万亿元，较 2022 年同比增长了 6.31%。这个数据不仅反映了电商行业自身的成长，也体现了它在提升人民生活质量和促进社会经济发展方面的重要作用。

第三节　互联网经济与电子商务

一、信息经济、互联网经济、电子商务的含义

信息经济又称资讯经济，相对于农业、工业经济而言，它是以现代信息技术等高科技

为物质基础，以信息产业起主导作用的，基于信息、知识、智力的一种新型经济；是基于信息技术的互联网向经济、社会、生活各领域渗透形成的以信息产业为主导、以信息产品生产和信息服务为主体的新经济模式。信息经济最重要的成分是服务，随着云计算、物联网、3D技术的进步，信息产品也越来越融入信息服务之中。

我国经济正处于转型升级的关键历史时期，信息经济作为一种新的经济形态，正在成为提高经济质量和增强产业竞争力的必然选择。首先，信息经济优化了我国的传统经济结构。移动互联网、云计算、物联网等新技术的应用，对高新技术开发和商业模式转变产生深远的影响，为传统产业的升级创造了契机。另外，信息经济能够降低交易成本，极大地激发社会各界的创业热情，能扩大就业、稳定就业，拓展就业模式。

互联网经济又称"网络经济"，主要指在互联网上进行的生产、交换、分配、消费、娱乐等经济活动，在当今发展阶段主要包括电子商务、互联网金融、即时通信、搜索引擎和网络游戏五大类型，是信息网络化时代产生的一种崭新的经济现象。在互联网经济时代，经济主体的生产、交换、分配、消费等经济活动，以及金融机构和政府职能部门等主体的经济行为，都越来越多地依赖信息网络，不仅要从网络上获取大量经济信息，依靠网络进行预测和决策，而且许多交易行为也直接在网络上进行。2020年新冠疫情的暴发使全球供应链被疫情阻断，导致经济近乎停摆，互联网经济却因为其非接触的特性受到的冲击相对较小，从而展现出巨大的发展潜力。

电子商务通常是指在网络环境下，买卖双方非面对面进行各种商贸活动，实现消费者的网上购物、商户之间的网上交易和在线电子支付以及各种商务活动、交易活动、金融活动和相关的综合服务活动的一种新型的商业运营模式。电子商务是互联网快速发展的直接产物，是网络技术应用的全新发展方向。它不仅会改变企业本身的生产、经营、管理活动，而且能通过交易过程以及相关的生态圈影响到整个社会的经济运行。

二、社交电商

社交电商是以社交为核心的高频次、低成本电商模式。京东、淘宝等已经开始在社交电商领域布局，社交电商必将成为传统电商平台的发力点。我国的网购市场中，移动电商当中社交零售交易规模增幅最大。社交电商是一个非常热门的话题。以拼多多为首的社交电商发展速度惊人，虽然也有质疑的声音，但这并不影响社交电商的广阔发展空间。

移动互联的发展，自媒体的繁荣，能在线查看商品信息和点击链接就能直接购买的便捷，让消费者随时都可以购物。以往是消费者去找商品，现在则是商品经过大数据分析，再根据个体的消费习惯来精准推送给消费者，实现了从"去购物"到"在购物"的转变。

移动社交的信息高效扩散性是其强大的优势，各种信息都有可能被各个社交平台进行转发，病毒式暴发扩散。每个人都有过接收或者转发这种信息的经历，这就是社交电商的独有特点。商家在有效推广自己产品的同时，可以将流量成本压到最低，以低成本获得高收益。

传统购物模式没有生态圈，主要靠的是流量的导入和用户的主动需求；然而社交电商是有生态圈的，遵循的理念是生意的根源在于人，哪里有人哪里就有生意，商品信息会根据用户的人物画像无数次出现在他眼前。这个生态圈里面的购物规则就变成了用户是被需求的，社交流量决定财富容量，互联网经济的未来蓝海就是移动社交零售市场。

现在崛起的社交电商，借助着自媒体的高速列车发展得顺风顺水。从前端到后端，一切由平台统一解决，商家只负责销售即可。并且商品信息能够在自媒体上迅速传播，快捷、轻盈的商品流通渠道，也使得价格更加具有优势。尽管用户的购物习惯一时难以改变，但随着市场慢慢透明，社交电商会迎来真正的崛起。

三、电子商务对上下游产业的影响

电子商务对上下游产业有很强的拉动作用。传统的电子商务的上游包括原材料供应商、生产商、销售过程中的品牌商以及各类分销商。基于网络的电子商务下游产业包括广告产业、交易环节、支付环节、交易成功之后的物流配送行业，以及对整个交易过程起到保障作用的信用体系。电子商务的蓬勃发展重塑了商品广告、信息交流、配送、售后等销售全流程。电子商务对上游企业的促进作用主要体现在能够促使生产商提高产品的质量，以高质量的商品吸引消费者；同时也可以通过数据分析准确地确定下一阶段商品的销售数量，根据销售量可以相对准确地采购原材料，有效地避免资金的无效占用，提高资金的使用率。同时很多下游企业也是依附于电子商务交易过程而存在的，例如广告、配送、售后等相关工作，这就需要下游工作提高精细化和精准化水平，提高客户的情感体验效果，并反馈给商品的销售环节，提高销售水平，打造一个销售全产业链。随着电商行业的蓬勃发展，相关的上下游产业链也逐渐完善；随之带来的就是对应服务成本的不断攀升，其中推广流量费尤为明显，这项非常庞大的费用已经极大地影响到电商企业的生存空间。

四、电子商务服务业的蓬勃发展

中国电子商务的蓬勃发展得益于 2008 年经济危机的内生驱动，塑造了"互联网＋内需"的增长模式。近些年中国经济社会发展的现实问题促生了许多变化。首先是传统的零售商业设施欠缺，特别是在广大中西部地区和很多三四线城市，但随着经济增长、消费升级，基础网络设施日趋完善，互联网金融日趋成熟，网络信用和网络治理规则深入人心，同时物流也实现了社会化，补齐了落后地区的短板。其次东部沿海加工制造业和产业集群生产能力过剩，出口疲软，特别是美国特朗普政府的贸易保护政策给出口贸易带来很大困难，导致低端产业链容易被锁定，倒逼产业升级。而利用电子商务实现产销直接对接，可省去中间的交易环节。

五、基于"互联网+"的电子商务对中国经济的影响

"互联网+"对中国经济意味着什么？发展互联网经济，靠的不是刺激内需，而是靠内生

驱动。"互联网+"是在新一轮技术革命背景下，解决中国经济长期发展问题的新范式，也是我国经济经过超高速、粗放式发展阶段到集约式、增量式、高质量发展阶段的必然要求。互联网经济首先可以带动就业与保持社会稳定，为降速转型留足空间。现在网络创业就业总人数超过千万，相当多的大学生、年轻人开网店，在网络中创业，解决了大量就业问题。同时扩大了内需，带动新增消费，实现增长方式转变。利用电子商务可以对消费者的消费习惯进行记录和整理，智能推导出其潜在消费需求，进行个性化的推送，实现增量的消费。还有驱动传统产业升级转型，通过将各个传统行业与互联网的有效深度融合，实现大众创业、万众创新的目的。

第四节 电子商务的未来

一、建立新的网络分销体系

电子商务可以帮助传统制造企业快速低成本建立线上分销体系。传统制造企业是传统的分销商模式，产品生产出来之后由生产厂家输送给一级经销商，一级经销商再输送给二级经销商，二级经销商再输送给三级经销商，三级经销商再输送给零售商，然后由零售商输送到最终的消费者手中。市场信息是单向的传导机制，生产厂家无法得到消费者的有效反馈，而消费者也只能被动地接受生产厂家的商品。

网络营销体系分为两种情况：第一种是生产厂商和消费者直接建立联系，信息在生产商和消费者之间进行双向传导。例如一些个性化定制商品，消费者直接将需求传递给生产商，生产商直接生产出消费者需要的产品。第二种是在某些大型的网络销售平台上，销售商搜集到消费者的需求，整理后传输给生产商，实现一定程度上的规模化定制。第二种情况下网络销售商成为生产商和消费者的有效沟通中介，能够实现信息的双向实时传输。

二、基于互联网产生新的价值链

互联网产生的一种新模式为独立的 B2C 模式。制造企业生产商品，然后在自营的 B2C 卖场里面销售，消费者到卖场选购商品。这以美国的零售业巨头沃尔玛为代表，首先要建设快速、高效的物流配送中心，再在配送中心周围建设卖场，这样才能及时、高效地给消费者提供一站式服务。

另外一种是平台模式。制造企业生产出商品，通过第三方电子商务平台上面的旗舰店来售卖商品，这以天猫上的各种旗舰店为代表。消费者在上面选购商品，去掉了很多中间的环节，降低了很多费用，因为是企业开设的旗舰店，商品质量和售后服务质量都能得到保证。

基于互联网产生的新的价值链不仅改变了商品的流通方式，也重塑了企业的商业模式和市场结构。通过减少中间环节、提升效率、增强用户体验和数据驱动等方式，新的价值链为企业和消费者带来了诸多好处。企业需要积极拥抱互联网技术，不断创新和优化价值链，以适应快速变化的市场环境，提升竞争力。

三、"互联网+"与产业融合

互联网与零售业相融合，打破了产销二者之间的信息壁垒，减少了中间流通环节，降低了交易成本，这以淘宝、京东为代表。互联网与交通行业的结合，能够促进智能交通的发展，形成以手机地图、导航、网约车为代表的智能交通出行新模式，为消费者提供个性化、定制化的交通服务，这以滴滴专车、神州专车为代表。

互联网与餐饮业的结合，无论是餐饮O2O还是互联网餐饮，本质上都是应用移动互联网思维、平台、系统、工具来实现餐饮业的加速提升，最终实现降低成本，提升效率，提高集中度，创造全新用户体验的目的，最终创立移动互联网时代下，充满互联网基因的餐饮连锁企业。这以美团、大众点评为代表。

互联网与农业的结合是一种生产方式、产业模式和经营手段的创新，通过便利化、实时化、物联化、智能化等手段，对农业的生产、经营、管理、服务等产业链环节产生深远影响，为农业现代化发展提供新动力。以"互联网+农业"为驱动，有助于发展智慧农业、精细农业、高效农业、绿色农业，提高农业质量效益和竞争力，实现由传统农业向现代农业转型。

互联网与金融的融合不是简单的结合，不是传统金融业互联网化，而是为适应新的需求而产生的新模式及新业务，是传统金融行业与互联网技术相结合的新兴领域。互联网金融主要依托大数据和云计算在开放的互联网平台上形成功能化金融业态及其服务体系，包括基于网络平台的金融市场体系、金融服务体系、金融组织体系、金融产品体系以及互联网金融监管体系等，并具有普惠金融、平台金融、信息金融和碎片金融等相异于传统金融的金融模式。

四、世界经济演变的本质

世界经济的演变过程是从农业经济到工业经济、工业经济再到信息经济，本质上是科学技术突破带来的生产力和生产关系的变革。在农耕时代，核心资源是土地等自然资源，这时候的生产力特质是分散化个体劳动者，经济形态是以自然资源为主的农业经济。在工业社会，核心资源是物质和能量，它以大机器时代的蒸汽革命为代表，表现为集中的大规模机器大生产，是以商品经济为主的工业经济。在信息社会里，数据与信息记录具有了战略资源的地位，生产力特征是分布式的多元协同，是以数据经济为代表的信息经济，生产要素全面升级，大数据、云计算成为基础设施，数据成为经济社会核心资源。

第五节　"互联网+"电子商务的新形态

一、新基础设施

云、网、端成为新的基础设施，其中云包括云计算和大数据，网包括互联网、移动互联网和物联网，端包括各种终端以及各种 APP 软件。云计算、大数据作为基础设施的一部分强势突破，在很多行业获得了广泛应用。互联网、物联网作为基础设施快速渗透各行各业。智能终端、APP 应用异军突起，对于快速推广各种互联网应用起到了很好的作用。

二、新生产要素

信息技术的不断突破，本质都是在松绑数据的依附，最大程度释放数据资源的流动性。数据资源成为独立的要素，数据要素的投入和信息技术的应用，使得物质要素不断被节约。数据资源处理的历史发展过程如下：

(1) 数据处理时代。在企业内部，信息实现了数据化，提高了企业的数据处理能力。

(2) 微机时代。随着微机的使用和普及，信息资源的流动和应用从集中走向分散。

(3) 网络时代。随着网络的普及，信息的共享突破了组织和地域边界，信息很容易被引用、加工和再处理，信息总量爆炸。

(4) 大数据时代。量变引起了质变，数据成为独立的商业资本和经济要素，而不仅仅是一些数据资料。

三、新分工体系

在新的分工体系中，实现了大规模的社会化协同生产和消费。以淘宝生态系统为例，在电子商务服务平台上面通过信息服务营销，运营商、消费者和销售商铺产生联系，完成消费支付活动；而商铺和商品生产厂家通过供应链，完成商品订购等活动；商品生产完成之后，可以由生产厂家通过物流服务商(例如"四通一达")直接运送到消费者手中。

四、新商业关系

新的商业关系由原来的链式结构变成了网状结构。链式结构首先在设计端完成整个设计工作，然后进展到生产端。生产商得到原材料之后生产商品，商品生产之后在市场端依次经过品牌商、分销商、零售商等多级代理销售之后，才能到消费者手中。不同阶段存在相应的壁垒，必须按照一定的步骤顺序向前进行。

新的网状结构以消费者为中心，在设计端可以直接与生产商、品牌商、代理商产生联系，同时生产商也可以直接与设计端、品牌商、代理商、服务商产生联系，服务商可以直接与生产商、品牌商、代理商产生联系，代理商可以直接与设计端、生产商、品牌商、服务商产生联系，品牌商也可以直接与设计端、生产商、代理商、服务商产生联系。这种结构打破了设计、生产、销售的壁垒，模糊了各种角色之间的定位和关系，使之共同为消费者服务。

五、新商业模式

在新的商业模式中，用户的需求会产生漂移，企业供给与市场实际需求间交集越来越小，消费者开始处于整个商业活动的中心。20 世纪 70 年代，企业供给与市场实际需求间交集重合度在 90%以上，20 世纪 80 年代，企业供给与市场实际需求间交集重合度为 60%～80%，21 世纪初，企业供给与市场实际需求间交集重合度为 40%～60%，现在的重合度则进一步下滑。因此以消费者为中心的个性化定制成为发展潮流，从生产商大权在握，消费者只能被动选择的时代过渡到了大众营销的消费者时代，即从 B2C 模式过渡到了 C2B 模式。

六、新组织形态

现阶段形成了平台加个人的新组织形态，组织小型化、个人化、机器化，组织之间的边界是产销合一、网状交融的，同时也是模糊化和柔性化的。它的动态表现为快闪化、自由化、流动化，静态表现为透明化、开放化，接口标准化。在平台加个人的关系中，领域内产品聚集化、市场全球化、服务社交化。内部结构是去中心化、扁平化、知识化的，外部结构是联盟化、社群化、共振化、合作化的，总体呈现复杂化和多样化的特征，造成的结果是用户指数级增长、种群大量暴发，形成了规模迁移和多样聚合的特点。

第三章 "互联网+"背景下对外电子商务的发展

第一节 国家对外开放经济发展战略

一、国家对外开放战略

对外开放是指我们国家积极主动地扩大对外经济交往、放宽或者取消各种限制，不再采取封锁国内市场政策，积极地发展开放型经济。改革开放 40 年使中国经济获得了巨大的发展，也为中国全面建成小康社会提供了有力支撑。"十三五"规划指出："开放是国家繁荣发展的必由之路。必须顺应我国经济深度融入世界经济的趋势，奉行互利共赢的开放战略。"

开放战略的设计要服务于国家长期发展目标。中国经济已经从高速发展阶段转向高质量中低速增长的新阶段，需要思考未来开放战略的调整，推动产业结构快速升级，推动高新科技行业发展，服务于高质量发展的阶段性目标。

现在我国所处的国际环境面临很多机遇与挑战。新一轮以信息技术为代表的技术革命来势迅猛，对全球的生产价值链和生产格局产生深刻影响。我国与其他国家的关系也在发生深刻变化，特别是中美关系面临着很多深层次的问题。因此需要谨慎地处理与美国的关系，同时要运用好自身的国际影响力来塑造良好的外部环境。

开放战略必须与时俱进，把新兴科技大国的竞争力升级作为国家新战略。推进我国国际竞争力升级，要实现从劳动密集型制造业向资本技术密集型制造业和服务业升级，要为中国的和平发展创造良好的外部支撑条件。

二、国家的"一带一路"战略

"一带一路"是"丝绸之路经济带"和"21 世纪海上丝绸之路"的简称。2013 年 9 月和 10 月中国国家主席习近平分别提出建设"新丝绸之路经济带"和"21 世纪海上丝绸之路"的合作倡议。它将充分依靠中国与有关国家既有的双多边机制，旨在借用古代丝绸之路的历史符号，高举和平发展的旗帜，积极发展与"一带一路"国家的经济合作伙伴关系，共同打造政治互信、经济融合、文化包容的利益共同体、命运共同体和责任共同体。

40 年来中国改革开放事业取得了巨大成就，但也存在着缺乏顶层设计、不注重改善国际发展环境等问题，迫切需要加强各方面改革开放措施的系统集成。"一带一路"倡议的实施能有效避免"西方经验"局限，为中国经济治理、国家治理、社会治理进一步引入来自治理体系之外的监督主体，创造强有力、更有效的外部监督，从根本上解决治理效率问题。当前在经济新常态和改革"空转"的情况下，迫切需要加强以"一带一路"倡议为引领构建的开放型经济新体制，全面统筹促进国内各领域改革发展，特别是供给侧结构性改革。

"一带一路"内容十分丰富，目标非常宏大，实行四年来取得了超出预期的进展，下一步需要从战略高度谋划，扎实稳步推进。当前要着力做好"一带一路"机制和规则建设，推动形成全面创新的新格局。

三、新兴产业发展战略

战略性新兴产业代表新一轮科技革命和产业变革的方向，是培育发展新动能、获取未来竞争新优势的关键领域。"十三五"时期，要把战略性新兴产业摆在经济社会发展更加突出的位置，大力构建现代产业新体系，推动经济社会持续健康发展。战略性新兴产业包括节能环保、新一代信息技术、生物、高端装备制造、新能源、新材料和新能源汽车等。"十三五"时期是我国全面建成小康社会决胜阶段，也是战略性新兴产业大有可为的战略机遇期。我国创新驱动所需的体制机制环境更加完善，人才、技术、资本等要素配置持续优化，新兴消费升级加快，新兴产业投资需求旺盛，部分领域国际化拓展加速，产业体系渐趋完备，市场空间日益广阔。

另外，为了推动新形势下战略性新兴产业的高质量发展，我们国家以创新驱动发展战略研判国际新兴产业发展的新趋势，梳理各个重点领域的系统性技术、产业瓶颈突破技术、跨领域技术，凝练"十四五"战略性新兴产业发展面临的问题，开展面向 2035 年的新兴产业技术预见及产业体系前瞻研究；项目注重强化顶层设计、组织协调及方法创新，按照新一代信息技术产业、生物产业、高端装备制造产业、新材料产业、绿色低碳产业、数字创意产业六个专题组，提出了"十四五"及中长期战略性新兴产业的发展思路、重点方向及对策建议。

四、国家创新驱动发展战略

2015 年，我国战略性新兴产业增加值占国内生产总值比重达到 8%左右，产业创新能力和盈利能力明显提升。我国的高铁、5G、航天装备、核电设备等实现突破，一大批新兴产业集群有力支撑了区域经济转型升级。战略性新兴产业广泛融合，加快推动了传统产业转型升级，涌现了大批新技术、新产品、新业态、新模式，成为稳增长、促改革、调结构的有力支撑。

现在是全球新一轮科技革命和产业变革从蓄势待发到群体迸发的关键时期。信息革命进程持续快速演进，物联网、云计算、大数据、人工智能等技术广泛渗透于经济社会各个领域，信息经济繁荣程度成为国家实力的重要标志。机器人与智能制造、超材料与纳米材料等领域技术不断取得重大突破，推动传统工业体系分化变革，将重塑制造业国际分工格局。基因组学及其关联技术迅猛发展，精准医学、生物合成、工业化育种等新模式加快演进推广，生物新经济有望引领人类生产生活迈入新天地。数字技术与文化创意、设计服务深度融合，数字创意产业逐渐成为促进优质产品和服务有效供给的智力密集型产业。创意经济作为一种新的发展模式正在兴起，创新驱动的新兴产业逐渐成为推动全球经济复苏和增长的主要动力，引发国际分工和国际贸易格局重构，使全球创新经济发展进入新时代。

五、企业"走出去"战略

"走出去"指坚持对外开放的基本国策，扩大开放领域，优化开放结构，提高开放质量，完善内外联动、互利共赢、多元平衡、安全高效的开放型经济体系，形成经济全球化条件下参与国际经济合作和竞争的新优势。"走出去"是以中国的公司为主导、服务于中国公司战略的一种跨国整合模式，我们从中可以获得更多的利益。无论是开拓市场空间、优化产业结构、获取经济资源、争取技术来源，还是突破贸易保护壁垒、培育中国具有国际竞争力的大型跨国公司，"走出去"都是一种必然选择，也是中国对外开放提高到一个新水平的重要标志。

在更加市场化、更加开放、更加相互依存的世界，通过具有宏观影响力和国家长远发展战略意义的对外投资，提高国家在全球经济中的地位，在国际资源分配中争取一个更加有利的形势并改善与相关国家和地区的关系是十分重要的。无论是中国为全球制造产品，还是自身工业化、现代化的需要，都必须考虑如何通过对外投资主动地从全球获取资金、技术、市场、战略资源。在外资企业大举进入中国、分享中国市场的情况下，中国经济必须考虑新的发展空间，中国有实力的企业必须走出去。中国有实力的企业也应利用跨国公司产业结构调整的机会，以自己的比较优势重组他国产业和企业，主动参与国际合作与竞争，以获得市场份额和技术开发能力。

六、自由贸易区发展战略

加快实施自由贸易区战略，是中国新一轮对外开放的重要内容。中国共产党的十七大把自由贸易区建设上升为国家战略，中国共产党的十八大提出要加快实施自由贸易区战略。中共十八届三中全会提出，要以周边为基础加快实施自由贸易区战略，形成面向全球的高标准自由贸易区网络。

当前全球范围内自由贸易区的数量不断增加，涵盖议题快速拓展，自由化水平显著提高。我国经济发展进入新常态后，外贸发展机遇和挑战并存，引进来、走出去正面临新的发展形势。加快实施自由贸易区战略是我国适应经济全球化新趋势的客观要求，是全面深化改革、构建开放型经济新体制的必然选择。

自由贸易区能提高货物贸易开放水平，扩大服务业对外开放，提高服务业整体水平，有利于推进规则谈判，提高我国在相关国际组织中的话语权。自由贸易区能够提升贸易便利化水平，促进国际贸易的发展，还能加强经济技术合作，特别是在我国急需的高精尖技术领域。

第二节　跨境电子商务的发展现状

一、跨境电子商务交易规模

在国内消费升级的背景下，巨大的市场需求促使跨境电商得到快速发展，欧美等发达国家及地区网购用户的持续增加也导致需求增长。随着网购用户的增加，更多传统外贸企业借助跨境电商作为主要的销售渠道，强有力的市场驱动不断推动跨境电商快速发展，带动了跨境贸易的发展。2013 年中国跨境电商市场交易规模仅 3.15 万亿元，2017 年则突破 8 万亿元，每年以大约 30% 的增速发展。2018 年中国跨境电商交易规模达到 9.1 万亿元，用户规模超 1 亿人。

中国跨境电商规模保持持续高速增长，得益于制度支持和改革创新以及我国互联网基础设施的完善和全球性物流网络交易规模的日益扩大。为了推动跨境电商发展，国务院设立了多个跨境电商综试区。作为新兴业态，跨境电商正是在政策的扶持下得以快速发展的。各方皆推动跨境电商呈现蓬勃的发展态势，跨境电商正成长为推动中国外贸增长的新动能。

二、跨境电子商务交易结构

从交易结构来看，2013 年到 2018 年进口商品数量一直呈现稳定上升的态势，进口增加了 60%，与此同时出口降低了 10%。中国跨境电商交易结构的变化也是与中国跨境电商的发展相吻合的，这说明随着我们国家人民生活水平的提高，对国外优质产品的需求量也在增大。

在进出口结构上，2018 年出口占比达到 79%，进口占比 21%。在跨境电商交易结构中，出口依然占据主导地位，"走出去"成为近年来发展的主流趋势。在出口电商中庞大的海外市场需求及外贸企业转型升级的发展等因素都助推行业快速发展。

在跨境电商交易模式上，2018 年 B2B 交易占比达 83%，B2C 交易占比 17%。这两种商业模式的特点在于去中间化，让品牌商和产品直接接触，通过用户来反作用于生产方和品牌方。跨境电商平台跨过众多的中间环节，直接连接生产商与消费者，以改良版的 B2B2C

的形式减少了交易环节，消除了信息不对称，能够使消费者直接与生产者联通。

三、跨境电子商务交易模式

以天猫国际为代表的平台的运作方式是第三方卖家入驻平台，平台的责任主要是对第三方卖家的管理和服务。这种模式的优势是轻资产，规模大，产品数量比较丰富，产品更新比较及时；存在的问题是对于第三方卖家的商品不能进行有效的监管。

以京东全球购为代表的自营加平台的运作方式是部分商品由京东自营，另外允许部分第三方卖家入驻。这种模式的优势是商品规模大，商品质量可控，自营部门的商品可以通过回溯机制查询，商品流通部门已经打通，同时还兼具了平台模式的优点。

以网易考拉和蜜芽宝贝为代表的纯粹自营的运作方式是电商企业直接从中间代理商或者生产商那里购买商品，将这些产品提供给消费者。这种模式的优势是商品源头可控，质量有保证；问题是产品类型没有那么丰富。

以洋码头为代表的买家直购的运作方式是整合海外的众多个人买家，在客户下单之后由海外个人买家或者签约商家负责从当地购买，产品质量有保证。这种模式的优势是不会有大量的库存，也不会占用太多的资金，同时产品数量非常丰富。

四、跨境电子商务交易国家和地区

2015 年，中国出口跨境电商主要国家和地区分布为：美国 16.5%、欧盟 15.8%、东盟 11.4%、日本 6.6%、俄罗斯 4.2%、韩国 3.5%、巴西 2.2%、印度 1.4%、其他 38.4%。2017 年，中国出口跨境电商的主要目的国分布为：美国 15%、俄罗斯 12.5%、法国 11.4%、英国 8.7%、巴西 6.5%、加拿大 4.7%、德国 3.4%、日本 3.1%、韩国 2.8%、印度 1.6%、其他国家 30.2%。

从以上数据可以看出，我国的跨境电商出口的主要国家和地区分布集中程度较高，2015年至 2017 年分散的国家和地区从 38.4% 下降到 30.2%，行业集中度有一定的提高。其中俄罗斯的分布占比增加了近 3 倍，欧盟的份额几乎提高了 50%，新兴工业国家中巴西也增加了近 3 倍，这说明国家之间经贸情况也和国家之间的政治情况有很高的相关度。美国、日本、韩国所占份额有一定的下降，特别是日本下降明显；美国的变化则是两国之间贸易争端的结果。

随着消费者购买力的增强、互联网普及率的提升、第三方支付软件的成熟、物流等配套设施的完善，网络购物已经成为全球风靡的消费形式。而跨境电商通过搭建一个自由、开放、通用、普惠的全球贸易平台，并通过互联网实现了全世界的连接。未来随着跨境电商不断取代传统贸易市场，其有望成为全球贸易的主要形式。

五、跨境电商行业发展趋势

首先跨境电商仍处于红利期，跨境电商行业将迎来政策性利好，电商法及系列跨境电商新政的出台将规范跨境电商行业的发展。国家提高个人跨境电商消费限额，新增跨境电商综合试验区，为跨境电商行业进一步发展营造了良好政策环境。同时中国消费者购买力不断提升，跨境电商市场内需庞大，为跨境电商企业带来更多发展机遇。

跨境电商行业需要规范化发展。伴随着跨境电商行业快速发展，商家销售假货、捆绑搭售等乱象不断出现。电商法及系列跨境电商新政的出台对商品安全、税收、物流、售后等方面作出了明确规定，有利于改变原有跨境电商平台良莠不齐、行业野蛮生长的状况，使企业有章可循，规范发展，推动市场有序竞争。对消费者权益的保护，有利于促进商品销售，推动行业发展。

网易考拉、天猫国际等跨境电商近年来平台纷纷开设线下体验店，将渠道从线上发展到线下，开启"线上＋线下"全渠道模式。这种模式能够将线上产品信息与线下用户体验相结合，拉近与用户之间的距离，提高用户互动频率，促进用户购买，并提升品牌知名度。

第三节　跨境电商企业的发展战略

一、BAT 的国际化并购过程

中国三大互联网公司百度、阿里巴巴、腾讯统称为 BAT。

百度主打技术，自 2011 年以来，百度在越南、泰国、马来西亚、埃及、巴西、阿根廷等国家，试图利用贴吧、知道、客户端这类渠道为日后推出搜索引擎建立基础。2014 年百度对以色列的视频捕捉技术公司 Pixellot 投资 300 万美元，还相继投资打车软件 Uber、巴西团购网站 Peixe Urbano 及日本原生广告公司 popIn 等。百度最近还在印度等新兴国家设立代表处，大力扩展当地市场。

阿里巴巴进行多元化投资，在近 10 年的时间里，通过投资并购的方式不断扩大自身实力和影响力，涉及的海外企业包括美国聊天应用软件 Tango、美国体育用品电商 Fanatics、美国手游公司 Kabam、美国电视智能遥控器公司 Peel。阿里巴巴甚至曾战略投资入股新加坡邮政等。

腾讯的投资很多面向海外的创业公司，2011 年起腾讯加大了海外投资力度，覆盖游戏、电商、旅游、移动互联网等多领域。然而腾讯最偏爱游戏领域，比如美国游戏公司 Riot Games、美国游戏公司动视暴雪、美国移动游戏录像公司 Kamcord、欧洲小游戏网站 Miniclip、日本游戏开发商 Aimin、韩国游戏厂商 PATI Game 等。

二、BAT 的国际化投资布局

百度的国际化投资布局，首先会选择重点的区域布局，例如印度、巴西、印尼等与中国类似的国际市场。这些国家处于移动互联网暴发前夜，又有庞大的人口作为基础。其次百度把有全球通用性且在中国做得好的产品在全球推出,很快进行本地化,这类产品包含搜索应用、移动安全等,能够形成移动应用的矩阵,帮助百度和开发者变现。最后百度会选择一些 O2O 领域重点扩展。百度会将中国 O2O 经验、技术、产品移植到新兴市场。但是现在看来这样的政策也有一定的风险,例如印度对中国的互联网企业和互联网应用已经采取了一些限制措施。

阿里巴巴国际化投资布局将计算力、云平台与人工智能相结合,围绕这一核心思路进行自我建设以及对外投资,走出了一条特色化的企服领域版图布局之路。在国际电商平台方面,阿里巴巴有国际 B2C 平台速卖通、天猫国际,国际 B2B 平台 ALIBAA.COM。在云计算方面,阿里云中国的云计算平台服务已经覆盖全球 200 多个国家和地区,近年来相继与神州数码、SAP、埃森哲、世纪互联、亚信等企业服务领域巨头签署合作协议,令云生态圈越发壮大。从 2014 年开始,阿里云相继在美国、中国香港、新加坡等地部署数据中心。2016 年 11 月,阿里云宣布其位于欧洲、中东、日本和澳大利亚的数据中心将正式启用,标志着中国的云计算全球网正式建成。阿里在进军海外时采取本土化运营模式,软银、英特尔、电讯盈科、新加坡电信、沃达丰、SK 集团等均是阿里云在海外的合作伙伴。最后是人工智能领域,阿里巴巴除了人工智能实验室、数据科学与技术研究院 iDST,还拥有阿里研究院、VR 实验室,蚂蚁金服也具有自己的人工智能团队。

腾讯国际化布局聚焦社交和游戏两大板块。首先腾讯利用投资并购来实现游戏全球化,通过在国际游戏市场上的一系列收购和入股,已经编织起了巨大的全球游戏发行网络,逐渐将自主开发的游戏输出至美国及其他海外市场,用游戏来吸引用户并增加用户黏性。自微信诞生以来,腾讯就一直在进行全球化布局。例如:为微信英文版命名为Wechat;支持用户直接导入脸书好友,对 Facebook 构成了直接竞争;在东南亚一些国家的市场占有率居于领先地位。除了英语,微信现已推出泰语、越南语、葡萄牙语等 19 种语言版本,同时支持海外 150 多个国家和地区用手机短信注册微信账号。微信作为腾讯的核心社交产品,其国际化布局特别注重新兴市场,为了增加在这些市场的用户基数,微信采取了多项策略,包括与手机厂商合作、投入大量广告营销费用以及开发适配低端机的软件版本。

三、BAT 的国际化发展路径

2006 年百度开始了国际化之旅,并把日本作为进驻首站。2007 年 3 月,百度日本站开始测试;2008 年 1 月,百度日本搜索引擎正式上线。但 2008 年到 2011 年,百度在日本市场上累计损失 6.8 亿元人民币,没有取得任何营收。2015 年百度搜索悄然退出日本市场。2011年开始,百度从新兴国家入手,重新开启国际化之旅,海外策略采取"大网撒,重点抓"的产品拓展方式,在越南、泰国、巴西等国家,利用 hao123、贴吧等一系列工具类应用先行,为推出搜索引擎建立基础。在科技研发方面,2012 年 7 月百度新加坡实验室成立,2014年 5 月美国研发中心成立,2014 年 7 月百度宣布在巴西建立世界级的技术研发中心。百度投入大量的资金用于技术研发，研发投入占营收比重逼近 15%。这一比例不仅远高于业内平均 4% 的水平，也高于硅谷领先科技企业平均 7% 的投入比例。百度不仅在其传统主业搜索领域保持专利申请数量绝对第一，更在云计算、人工智能、大数据等互联网前沿领域有大的发展。

阿里巴巴在创业初期就将扩展海外市场作为关键战略。为了适应国际化的要求，阿里巴巴把总部放在了中国香港，并成立了美国研发中心。为了加快海外业务发展，还相继成立了英国、韩国办事处。第二阶段通过投资收购，整合海外优质资源，延展核心平台的海外能力。2014 年 1 月阿里巴巴对外宣布其国际化战略：一是全球速卖通，主要做出口零售；二是淘宝海外，面向能够读中文的国际消费者；三是天猫，为国内提供原装进口商品。阿里巴巴将国内的核心商务平台全面复制到国际市场，市场布局也从 2B 市场逐步向 2C 市场推进。

腾讯集团 2005 年就成立了国际化事业部，在美国、印度、越南、意大利布下驻点，2009年以 3 亿美元注资俄罗斯互联网公司 DST，但收效甚微。QQ 占领 PC 端之后，腾讯并没有将其推向国际市场。当时腾讯考虑 QQ 的人人交互涉及更多的文化、国情、法律和管制问题，全球化将遇到更多障碍。在第二阶段腾讯集团国际化战略和步骤走向清晰化，以核心产品为武器，从华语人群较多的国家和地区开始，逐步实现国际化。2011 年 4 月，微信以英文名称 Wechat 进入国际市场。腾讯希望在技术、产品、公司架构、底层数据库、布局等方面实现国际化标准。腾讯选择了两个全球第一的产品作为国际化突围的武器。一是利用微信其将通信、社交、平台化三者最快融为一体，并引入了朋友圈、公共账号的平台化模式，活跃用户达 5 亿。二是游戏，其业务收入达 75 亿美元，居全球第一。并且腾讯对这二者进行组合销售，微信作为腾讯游戏的分发和支付渠道，增加了游戏的社交互动性，而游戏反过来促进微信的国际化。在市场选择上，腾讯从港澳台、东南亚开始，向印度、美国、西班牙等区域推进，2013 年成立微信美国办公室，负责美国微信用户的发展及研究、公司客户关系的建立及拓展合作，并在海外市场推广上，先后和 Facebook、谷歌等巨头联手，选择国际明星作为产品代言人，取得了积极的效果。

四、跨境电商未来发展战略

国际化对于互联网企业乃至整个高端服务业来说，总是梦幻与沉重相伴随行。飞速发展的互联网技术和开放的商业模式，正在瓦解传统的疆界，"运营全球化""平台开放化""产品差异化"和"服务本土化"是不可逆转的趋势。通过自研产品、兼并收购与联合开发，打造核心竞争力，在全球布局的过程中，寻找适合自己的国际化道路是跨境电商未来的必经之路。

扬长避短，打造核心竞争力是行之有效的方法，BAT 的产品大多是在模仿国外应用的基础上，根据中国的市场特点进行的应用创新和模式创新，如支付宝的第三方信用担保模式、微信红包等，从信息展示到综合服务，从平台服务向金融、物流等多个领域延伸。最初阶段跨境电子商务主要是以网上展示和网下交易的形式开展，企业通过在跨境电子商务平台上展示自己的产品，扩大企业和产品的知名度与影响力，更好地与客户建立联系，促进企业销售规模的增长。整个过程中，跨境电子商务平台仅扮演着为买卖双方提供信息服务的角色，盈利主要源于平台企业缴纳的会员费。随着跨境电商发展水平的不断提升，企业对跨境电子商务平台的要求也不断提升，简单的信息展示服务越来越难以满足外贸企业的需求，单纯的信息服务平台被一站式综合服务平台所取代。

中国的互联网企业需要制定合理、清晰的国际化战略、实现路径，制定信息安全战略，提升隐私保护能力，加快知识产权积累。企业国际化的过程中难免出现摩擦与对抗，这也是成长的必经之路。

第四节 国外电子商务的发展趋势

一、美国电子商务发展情况

数据显示目前美国的互联网用户约为 2.4 亿，渗透率高达 74.9%。其中已经有约 3/4 的互联网用户属于网购人群，网购渗透率达到 71.6%，这对于开展电子商务来说是很好的基础条件。

例如 2012 年，亚马逊在美国的电商市场份额是 25%，而 2015 年则达到了 33%。亚马逊的付费会员只要支付 99 美元的年费就能享受"两日到"的配送服务。亚马逊在某一些地区甚至推出了"一日到""当天到"的服务，这对于吸引和留住消费者能起到很大的作用。

通过整合传统零售和电子零售的优势，构建以 So(社交) + Lo(本地化) + Mo(移动) + Me(个性化)为起点的全渠道无缝购物体验的营销模式是发展方向。电子商务在美国已经占有很大的份额，其中移动端尤其是平板电脑端的网络销售额增速巨大。电脑及耗材、服装服饰占有将近一半的电子商务市场份额，未来家具和家居饰品可能将成为具有增长潜力的商品。

二、欧洲国家电子商务发展情况

近年来英国电商一直在飞速发展，网络消费金额不断超越预计数字。2016 年，网络零售占英国总零售额的比例从 2010 年的 13.5%上升至 23%，总值超过 2000 亿欧元，这个数据在 G20 国家中排名相当靠前。82%的英国网民经常在网上购物，占比在欧盟 28 个成员国中是最高的。时尚和运动类商品在英国最受欢迎，其次是旅游和家居类。典型电商企业有 Tesco、Asos、Argos、Play.com、Next、JohnLewis 等。

2016 年德国电商零售销售额达到 576.5 亿美元。到 2020 年这个数额提高了近 200 亿美元，达到 772.2 亿美元。德国电商收益很大程度上归功于移动电商的强劲发展，2016 年德国来自移动设备的零售销售额达到 191.4 亿美元，比 2015 年提高了 40.8%，在德国电商零售总额中占 33.2%。典型电商企业有 Otto.de、Zalando 等。

法国是欧洲最重要的电子商务市场之一，被评为全球第六大电子商务市场，在欧洲国家中位列第三，稍落后于德国，与英国相比还有一定差距。英国零售搜索中心的数据显示，法国的在线销售额占零售总额的 6%。最新法国电子商务报告表明，法国的 B2C 电子商务营业额每年保持约 14%的增长率。2017 年法国消费者在线消费总计 817 亿欧元，相比 2016年增长了 14.27%。

三、亚洲国家和澳大利亚电子商务发展情况

日本电子商务经历了约 20 年的发展，在销售品类以及销售规模方面都取得了相当可观的成绩。但相对欧美发达国家而言，由于起步较晚，部分环节还存在限制，导致日本电子商务增速受阻。整体来看日本电子商务市场发展向好，但存在一定封闭性。主要是日本绝大部分消费者缺乏熟练的第二语言，导致跨境电商存在语言障碍。同时由于缺乏第三方支付平台对接，导致日本线上消费具有一定阻碍。日本政府不断出台相关政策支持移动支付市场发展，有望提高日本群众的电商消费意愿，从而扩大日本 B2C 电子商务市场规模。日本典型电商企业有 Rakuten、Jshoppers 等。

2016 年韩国的网上购物交易额达到 64.9 万亿韩元，比 2001 年的 3.3 万亿韩元高出 19.4倍。2016 年韩国网上购物交易额约占韩国整体零售总额的 17%。在购物方式方面，使用移动设备购物的消费者不断增加，现在超过一半的在线交易都是通过移动端设备处理的。韩国在跨境电子商务方面交易规模仍然较低，主要电商出口目的国是中国，其次是美国、日本和东盟。2016 年化妆品类出口额占韩国出口总额的 70%以上，其次是服装及相关产品。韩国的网络基础设施完备，政府对电子商务发展大力支持，并且由于国土面积较小，配送快，客户服务完善，能产生独特的用户体验。韩国通过跨境电商、社交电商和移动电商的运用，形成了良好的电商发展环境。

澳大利亚电商市场正在蓬勃发展。2015 年澳大利亚的网络零售消费量年比增加 10%，达到了 176 亿美元。90%的人口都能使用互联网，大约有 30%的消费者在网上购物的时间要超过在实体店的时间。截至 2019 年年底，网购消费在澳大利亚零售总额中占有 9%的份额，澳大利亚在线企业的收入增长了 15.1%。此外，2019 年网购消费者人数比上年增加了 5%，达到 2030 万。澳大利亚人非常喜欢跨境购物，这很大程度上是因为 1000澳元以下的跨境购物免收关税，这一政策在全球领先。澳大利亚典型电商企业有 Kogan、Iconic 等。

四、科技创新助推国际电商发展

科学家曾预言，任何技术一旦与信息相连接，那么它将进入指数级发展。也就是说，传

感器、网络、人工智能、机器人等技术将在接下来的几年里将成为主旋律,而如果将这些技术结合在一起会发挥出更大的潜力。

2015年我们看到了全球互联网、数字医疗设备、基因编辑、无人机以及大阳能等技术的革新。2016年人工智能、机器人、虚拟现实、无人驾驶汽车、物联网等新技术成为焦点。人工智能技术已经在深度学习神经网络上取得了重大进展。比如IBM已经教会其人工智能系统Watson很多技能,包括金融、餐饮、社交、法律等。谷歌和微软也在人脸识别以及拟人语音系统方面取得了重大突破,目前人工智能在人脸识别方面的表现已经达到了人类的水平。

这些科技创新成果成为电子商务飞速发展的缩影,越来越多电子商务企业已经将科技创新和数字化作为未来发展的竞争核心。

第五节　电子商务创新发展案例

一、中国的蚂蚁金服公司

2013年3月,阿里巴巴公司宣布将以支付宝为主体筹建小微金融服务集团。2014年10月,蚂蚁金服正式成立。蚂蚁金服致力于打造开放的生态系统,助力金融机构和合作伙伴加速迈向"互联网+",为小微企业和个人消费者提供普惠金融服务。它依靠移动互联网、大数据、云计算基础运行,是中国践行普惠金融的重要实践。

蚂蚁金服旗下有支付宝、余额宝等子业务板块。支付宝是以个人为中心,以实名和信任为基础的生活平台,为小微商户提供支付服务,成立以来拓展的服务场景也不断增加。支付宝持续致力于技术的发展和创新,支付宝交易峰值处理能力为每秒8.59万笔,支付风险发生概率达到低于十万分之一的水准。支付宝多年积累的业务能力与卓越的技术能力也为蚂蚁金服的其他业务提供了良好支持,同时为行业提供了完整的数字金融解决方案及金融安全技术、海量金融交易技术、金融风控技术等数字技术。蚂蚁金融科技区块链系统具有较高可靠性、维护性、安全性等,能提供快速验证的区块链服务,具有数字身份、智能风控、数据和隐私保护等能力,并且还具有无人值守能力。

二、美国的Facebook(脸书)公司

Facebook是美国的一个社交网络服务网站,创立于2004年2月4日,总部位于美国加利福尼亚州。Facebook是世界排名领先的照片分享站点,具有很强的研发能力,并在全世界拥有多个硬件实验室。早在2013年12月,Facebook就开启了一系列研究,特别是在人工智能领域,其标志是Facebook成立了新的人工智能实验室,继续挖掘视频、图片和文字等信息的潜在价值。Facebook的未来目标是打造一个移动生态平台,做成全球版微信,将庞

大的社交应用转向一站式信息服务应用，进而通过一站式网络平台，为用户提供诸如移动支付、游戏、网上购物、企业联系等各类服务。另外，Facebook 在游戏、人工智能聊天机器人、增强现实相机功能、移动支付以及其他许多功能上都有所提升，它通过收购有前途的竞争对手，并将他们整合进 Facebook "家族"，实现双赢。

现在 Facebook 的活跃用户已经超过 15 亿。Facebook 还在建造无人机和卫星，向偏远山区提供上网帮助，让全球各地的人都将可以上网，都能使用 Facebook。Facebook 还开发智能机器人，使它们可以按照人脑运行的方式学习，这将让 Facebook 变得更聪明，对用户需求变得更敏感。人工智能还可以帮助过滤掉 Facebook 上流传的大量无用信息，以便人们能够迅速找到他们最想要、最关注的内容。通过发掘对用户来说真正重要的信息，Facebook 希望能将用户更长久地留住，同时推送更多目标广告。

三、美国的 Google(谷歌)公司

Google 的业务已经从核心的搜索和广告扩展到了更为广阔的领域，涵盖了消费硬件、汽车、电信、医疗、风险投资等众多行业。谷歌大力推进云服务和硬件产业，以人工智能为优先战略，该公司正在利用其人工智能/机器学习的专家人才开发差异化搜索、个性化广告、整个面向消费者的网页服务和其他产品。谷歌新款的高端移动和智能家居设备就是提供一些人工智能服务的渠道。人工智能的实际效果仍有待观察，这主要取决于执行过程，以及人工智能的应用能否在运输、云服务、医疗和消费级硬件等各项领域中同时展现出竞争力。

谷歌是最有收购能力的科技公司之一，在这 10 年的大部分时间里，谷歌一直是技术并购的主导力量；除了在智能家居领域的布局，谷歌与亚马逊的激烈竞争还推动了其在云服务和企业服务领域的收购，并促使谷歌采取了一种完全不同的战略方法。谷歌目前正处在公司结构的转型期，公司的任务已经转变为面向更协调的目标和多元化的盈利。

四、美国的 Amazon(亚马逊)公司

Amazon 作为驰名的电商企业主要做了以下的几个方面的工作：首先是制定清晰的产品定位，卖家是选择走便宜路线，还是高性价比、高质量的路线由卖家个人确定。其次是瞄准市场，选定目标国，分析这些国家的消费者更适合什么产品，注重市场细分，给用户准确画像，通过他们的消费行为，推测出他们的购物习惯以及品类爱好。最后是产品筛选，卖家可以根据自己的资源，去选定一些产品，但要结合当地的文化、当地目标客户群的年龄层。

跨境电商的蓬勃发展促使整个贸易链进行了重塑，传统外贸逐步走向全新的贸易时代。在这个过程中亚马逊观察到三个重要的趋势：第一是贸易重心的变化，外贸正在以进口方的订单为中心转到以消费者需求为中心。第二是贸易主体的变化，外贸正在以大型跨国企业为主导转到跨国公司和中小企业共同引导和共同成长的阶段。第三是品牌和

产品的变化，我们看到了品牌和产品的个性化和多样化。无论是 B2C 还是 B2B 平台，这种趋势都有不同程度的体现，在 Amazon Business 上也就出现了小批量、多批次、高频次的订单需求。

　　针对这种变化，亚马逊通过搭建融合信息流、资金流、物流在内的一站式闭环贸易链，来满足卖家在此过程中产生的全新需求，功能涵盖境外站点注册、产品发布、入仓服务、订单处理、订单结算、物流配送等，帮助企业加强大数据应用能力、柔性化生产能力、品牌建设和管理能力、综合能力和竞争力，积极部署下一代贸易链，制胜全球市场。

第四章 "互联网+"背景下的跨境电子商务

第一节 跨境电子商务的基础知识

一、初识跨境电商

(一) 跨境电商的特征和发展

1. 跨境电商的概念及相关知识

1) 跨境电商的概念

跨境电子商务，简称跨境电商，是指分属不同关境的交易主体，通过电子商务平台达成交易、进行支付结算，并通过跨境物流送达商品、完成交易的一种国际商业活动。

2) 跨境电商的模式

(1) 按进口与出口分类。

跨境电商分为进口跨境电商和出口跨境电商。

进口跨境电商，是指海外卖家将商品直销给国内的买家，一般是国内消费者访问境外商家的购物网站选择商品，然后下单，由境外卖家通过国际物流发货给国内买家。

出口跨境电商，是指国内卖家将商品直销给境外的买家，一般是国外买家访问国内商家的网店，然后下单购买，并完成支付，由国内的商家通过国际物流发货给国外买家。

(2) 按交易主体类型的不同分类。

根据跨境电商交易主体的不同类型，跨境电商分为 B2B、B2C 和 C2C。

B2B 是企业与企业之间的电子商务交易模式，涉及不同国家或地区的企业通过互联网进行产品、服务及信息的交换。这种模式的交易次数虽然少，但单次交易金额较大，适合大宗货物的交易。

B2C 是企业直接面向消费者进行的电子商务交易模式，涉及一个国家或地区的企业通过国际互联网络向另一个国家或地区的客户提供商品或服务。B2C 是一种电子化的零售模式。

C2C 是个人与个人之间的电子商务交易模式，涉及一个国家的个人通过国际互联网络向另一个国家的个人提供产品或服务的交易。这种模式通常是通过 C2C 电子商务平台来完成的。

2. 跨境电商的特征

跨境电商的六个特征如下：

(1) 全球性：全球各个国家的个体通过互联网实现跨地域销售、购买。

(2) 无形性：数字化传输是无形的。

(3) 匿名性：不显示自己的真实身份和自己的地理位置。

(4) 即时性：信息发送和信息接收几乎同时发生。

(5) 无纸化：电子商务中实现了无纸化操作。

(6) 不确定性：快速演进具有很大的不确定性。

3. 我国跨境电商的发展历程

我国跨境电商经历了起步期、成长期、发展期、成熟期四个阶段。

(1) 起步期(1999—2003 年)。

1999 年随着阿里巴巴的成立，我国首次实现了用互联网连接中国供应商与海外买家，互联网化的中国对外贸易就此出现。自此，一共经历了四个阶段，实现了从信息服务到在线交易、全产业链服务的跨境电商产业转型。

(2) 成长期(2004—2012 年)。

2004 年，跨境电商进入了快速成长期。这个时期线上交易、支付、物流等流程的电子化逐步实现。B2B 平台模式成为这一阶段的主流模式。

(3) 发展期(2013—2017 年)。

2013 年成为跨境电商的重要转型年，跨境电商全产业链都出现了商业模式的变化。随着跨境电商的转型，跨境电商进入了发展期，大型平台不断涌现，B2C 平台占比提升，移动端发展迅猛。

(4) 成熟期(2018 年至今)。

2018 年至今，跨境电商进入了成熟期。大型跨境电商企业开始整合供应链，同时跨境电商供应链各环节趋向融合，精细化运营成为主流，新零售、直播营销等创新模式持续渗透。

(二) 跨境电商与传统外贸及国内电商的区别

1. 跨境电商与传统外贸的不同

跨境电商与传统外贸的不同见表 4-1。

表4-1　跨境电商与传统外贸的不同

区　别	跨　境　电　商	传　统　外　贸
运作模式	借助互联网电商平台	基于商务合同
订单类型	小批量、多批次、订单分散	大批量、少批次、订单集中
交易环节	简单	复杂
运输方式	借助第三方物流企业，一般以航空小包的形式完成，物流因素对交易主体影响明显	多通过海运和空运,运输方式因素对交易主体影响不明显
通关和结汇	通关缓慢或有一定限制，易受政策变动影响，无法享受退税和结汇政策	海关监管规范，可以享受正常的通关、结汇和退税政策
争议处理	争议处理不畅，效率低	争议处理机制健全

2. 跨境电商与国内电商的区别

跨境电商与国内电商的区别见表4-2。

表4-2　跨境电商与国内电商的区别

区　别	跨　境　电　商	国　内　电　商
交易环境	不同国家或地区	在国内进行交易
交易人群语言	以英语为主	中文
交易货币	以美元为主	人民币
物流方式及费用	采用海运、快递、小包类物流，成本高	多采用快递，成本低廉

跨境电商相比于国内电商，还是有很大区别的。除了表4-2里提到的，各国法律法规也有不同。所以在做跨境电商前，了解这些信息是很有必要的。

(三) 跨境电商的前景

1. 跨境电商面临的挑战

(1) 资金安全。

跨境电商的资金往来一般需要借助第三方机构，这就大大增加了信息泄露的风险。一些违法交易很难被甄别、禁止，给了违法分子可乘之机。

(2) 信息安全。

跨境电商凭借互联网进行交易，买家和卖家的身份信息通过网络登记，双方没有直接接触，双方的真实身份没有直接而有力的证据来判断。

(3) 跨境物流。

跨境电商经营的商品，一般要跨越至少两个国家或地区，要协调相关企业，跨境物流的对接是一个大问题。

(4) 人才短缺。

跨境电商发展急需大量专业跨境人才，培养人才、留住人才成了推动跨境电商发展的重要因素。

2. 跨境电商的发展趋势

跨境电商的发展趋势见表 4-3。

表 4-3　跨境电商的发展趋势

发展趋势	具体内容
宏观环境利好	随着物流配送便捷度和速度的提升，信息获取和交流更加方便，人们消费观念转变和各项利好政策的出台，目前中国整体宏观环境均在推动着跨境电商行业正向发展
竞争激烈	跨境电商良好的发展前景一直是企业关注的重点，未来进入市场的优秀玩家仍将继续争夺，头部平台的整合带来的竞争优势为其他企业带来巨大竞争压力，也使各平台开始加速在该领域的布局，行业竞争的激烈程度将进一步提升

二、认识主流跨境电商平台

(一) 亚马逊平台

亚马逊公司成立于 1995 年 7 月，总部位于美国西雅图，是美国最大的一家网络电子商务公司，一开始只经营书籍销售业务，目前已成为全球商品种类最多的网上零售商。

目前，亚马逊平台的基础规则见表 4-4。

表 4-4　亚马逊基础规则

亚马逊基础规则	内容
Listing 页面规则	亚马逊是一个重产品、轻店铺的平台，产品的展示非常重要。Listing 展现页面要尽可能完善，给客户呈现的商品信息要完整，这样客户下单的概率会上升很多
账号管理规则	注册难度比较大，需要准备营业执照、法人身份证、双币信用卡等资料；并且亚马逊平台注册有一定的失败概率，一旦注册失败，这一整套资料都不能再次用来注册
知识产权保护制度	亚马逊平台有比较完善的知识产权保护制度。品牌商品提交给品牌方审核，如果出现侵权现象，系统会很快处理，以保证卖家的权益
收款支付制度	注重卖家的资金安全，提升资金的运转周期。亚马逊平台大概 14 个自然日做一次资金流转，极大地保护了卖家的资金安全
物流服务制度	亚马逊在全世界有超过 120 个运营中心，卖家可以提前将商品存放在亚马逊的仓库中，当客户下单的时候亚马逊仓库会自动发货，这就是 FBA(亚马逊物流服务)模式

(二) 全球速卖通平台

全球速卖通是阿里系的平台之一，整个页面布局与淘宝类似，国内卖家较易上手，因此成为国内电商卖家转型的首选。

1. 全球速卖通适销产品

适宜在全球速卖通销售的商品类别主要包括服装服饰、美容健康、珠宝手表、灯具、消费电子、电脑网络、手机通信、家居、汽车摩托车配件、首饰、工艺品、体育与户外用品等。

2. 平台规则

全球速卖通的基础规则见表 4-5。

表 4-5 全球速卖通基础规则

全球速卖通基础规则	内 容
平台交易规则	平台交易规则是全球速卖通极为看重的一个部分，全球速卖通严格禁止卖家获得任何违反规定的利润，这意味着它不允许侵犯其他卖家的财产权和合法权利
知识产权保护规则	知识产权规则保护的是所有卖家的知识产权，限制卖家销售任何未经授权的产品，因此全球速卖通会惩罚侵犯了任何第三方知识产权的卖家
虚假销售和商店信用规则	全球速卖通严格禁止销售人员通过不正当的操作增加商店的信用和销售
联系方式	根据全球速卖通的条款和规则，卖家不能在描述或图片上留下任何联系方式，也不能在全球速卖通的网页上留下包括网址在内的任何链接。卖家可以在信息中心或阿里旺旺留下联系方式，以便与买家沟通

(三) Wish 平台

Wish 是一个主要针对年轻群体设计的移动端购物平台。买家在 Wish 端浏览和购物时，平台会推送给消费者之前购买过、浏览过的相关商品，这种智能推荐是互联网人工智能的应用。

1. Wish 平台主要销售类目

Wish 是全品类的平台。目前，平台上大部分都是中国卖家，热销类目有时尚服饰、家居产品、配饰、美妆个护、鞋包、手表、3C 电子产品、户外运动、母婴和汽配等，整体上以轻、小件的商品居多，大部分以国内直发为主。

2. Wish 平台基础规则

Wish 平台基础规则见表 4-6。

表 4-6 Wish 平台基础规则

Wish 基础规则	内 容
注册	Wish 注册时需要提供真实无误的信息，虚假信息会导致账户冻结；每个企业只允许注册一个 Wish 账户，关联账户会面临封店的风险
产品	不能在 Wish 上销售的商品有：销售者无版权或未被授权的产品；任何不能生产新的、有形的、实际物品的服务类项目；无形产品或虚拟电子产品；实体或电子的礼品卡、仿品、酒精、烟草及包括电子烟在内的可抽吸产品、打火机、危险化学品、带有毒成分的产品等

Wish 基础规则	内　容
产品促销	Wish 产品促销是不定时的，有可能会随时地促销某款黄钻产品；Wish 会对商品的库存、定价进行核查，如果不准确就可能被视为违规行为；Wish 规定卖家不能在进行促销前对商品价格、运费进行提价
推送	商品的标题、图片、标签以及价格都经过严谨审核；标题描述要简洁，商品图片要清晰、美观
客户服务	需要卖家严格把控产品质量，避免交货延迟等情况的发生，并做好售后服务工作，定时与买家进行沟通，以增加客户的回购率

第二节　跨境电子商务的运营模式

一、跨境电商物流与配送

(一) 跨境电商物流与配送概述

1. 物流与配送在跨境电商业务中的地位

物流与配送是在贸易活动中被交易的实物标的从生产企业或者商家仓储位置转移到买家手中的过程及其有关活动的总称。物流一般是指物品的搬运和运输集成过程，可能还包括与此相联系的包装、装卸、储存、保管；而配送更加强调物品送达买家手中的过程。

电商的发展带动了物流的变革和发展，物流的发展又支撑了电商的发展。在跨境电商领域也是如此。跨境电商的发展必将带来跨境电商物流的变革和发展，跨境电商物流的发展将成为支撑跨境电商发展的关键因素。

(1) 跨境电商物流与配送是跨境电商的组成部分。

贸易活动通常由信息流、物流、资金流三部分构成。首先，跨境电商网站是跨境电商信息流的表现形式。在跨境电商的发展过程中，跨境电商的信息流实现了由传统的线下展会形式对接向线上网站形式对接的转变，又进一步发展形成了 B2B 网站形式的对接和 B2C 网站形式的对接等不同模式。其次，商务资金支付形式反映了资金流的形态。当前贸易的资金流由传统的银行支付发展到了电子银行支付，随着跨境电商的发展，又进一步发展形成了当前的网上在线支付等资金流形式。最后，物流在跨境电商业务中承载着货物转移和交付的功能，是跨境电商不可或缺的组成部分，离开了物流，跨境电商交易将无法实现。由此可见，跨境物流是跨境贸易活动构成中不可缺少的一部分。

(2) 跨境电商物流与配送是跨境电商的核心环节之一。

在贸易活动中，信息流促成了交易双方信息的对接，从而使双方达成交易意向；物流和资金流则使这种交易意向得以执行和实现，分别反映了交易标的的流动和交易资金的流动。因此，物流自然成为贸易活动的核心环节，跨境电商物流自然也是跨境电商的核心环节。在跨境电商业务中，交易双方分别处于不同国家，交易商品趋向具有个性化、定制化特征，如何实现将交易商品安全、高效地从商家仓储位置交付至买家手中，是跨境电商买家重点关注的问题，也是当前跨境电商商家致力解决的核心问题之一。安全、高效的跨境电商物流将大大改善跨境电商买家的消费体验。

(3) 跨境电商物流与配送亟待进一步发展和提升。

在当前阶段，跨境电商物流是阻碍跨境电商发展的一个主要瓶颈，这一点在零售模式的跨境电商业务中尤为突出。首先，跨境电商物流成本普遍偏高；其次，跨境电商物流的运输时间普遍偏长；最后，物流过程的可追溯性有待提升。

2. 跨境电商物流与配送的特征

跨境电商物流是为跨境电商服务的，是跨境电商的一部分。跨境电商物流自然具有与跨境电商相对应的某些特征，具体来讲，包括以下几个方面。

(1) 国际性。

跨境电商是国际贸易和互联网技术融合发展的结果，是国际贸易的表现形式之一，跨境电商物流自然也就是国际物流的一种表现形式。

跨境电商物流的国际性表现在两个方面。首先，每一笔跨境电商物流流程均需要经过两次通关，即一次出口通关和一次进口通关。因为各国(或地区)不同通关政策要求不同的通关手续，所以办理手续成为跨境电商物流企业的核心业务环节之一。其次，跨境电商物流的运营通常是由不同的业务主体在不同的国境之内开展业务的，即便是这些不同的业务主体属于同一家跨国公司，也有可能会因为处于不同国家而产生业务流程操作规范的差异。

(2) 分散化。

虽然跨境电商包括了批发模式(B2B)和零售模式(B2C/C2C)两种主要的交易模式，但是不可否认，零售模式才是当前跨境电商发展的热点，而且也是未来跨境电商发展的重点，所以一般的跨境电商概念指向零售模式。

零售模式下的跨境电商使得跨境电商订单呈现扁平化、碎片化的特征，即来自不同地区、不同国家的买家直接向跨境电商商家下订单，越过了传统的批发渠道，而且订单也更具有不同的个性特征。扁平化、碎片化的订单使跨境电商物流呈现分散化的特征。由于订单量小而且需要运输至不同的买家手中，跨境电商物流大部分是用快递形式实现的，这与传统国际贸易的集装箱运输模式产生了明显差异。

跨境电商领域目前已经提出了海外仓的概念。在使用海外仓的跨境电商物流业务中，虽然前程运输可能会采用传统的大批量运输方式，但是后程运输通常也要采用快递形式来完成。

(3) 信息化。

跨境电商本身就是信息技术革命产生的结果，跨境电商物流自然充斥着信息化的特征。在跨境电商物流的仓储环节，订单分拣会消耗大量人力，先进的跨境电商仓库正在实现自动化分拣；在出库环节，运单信息的填制较为烦琐，ERP软件已经较好地解决了这个问题，使网络订单地址与快递运单可实现自动匹配；在运输环节，客户希望随时能够看到自己所购买商品的运输进程，所以跨境电商物流供应商正在为实现运输过程的可追溯化而努力。

3. 跨境电商物流与配送的发展现状

随着跨境电商的迅速发展，跨境电商物流的发展也日新月异。当前跨境电商物流的发展可以总结为以下两点。

(1) 新的跨境电商物流模式不断涌现。

跨境电商是随着世界经济全球化、扁平化、信息化而产生的新的贸易形态。昂贵的快递费用和漫长的运输时间一直是阻碍跨境电商业务以更高速度发展的"瓶颈"，这也促使跨境电商企业和跨境电商物流企业更加积极地探索更经济、更高效、更透明的新型跨境电商物流方案和模式。

海外仓是目前跨境电商出口领域普遍比较认可的一种模式。所谓海外仓，即由跨境电商企业或者跨境电商物流企业在海外建设转运仓库，利用大数据分析市场需求从而做出需求预测，将跨境电商物流的前程运输转为运输时效差但成本低廉的海运模式，而后程运输则转为消费者所在国家的国内快递模式，从而降低成本、提高时效。

在跨境电商进口领域，则形成了保税和集运两种新型模式。保税模式与出口的海外仓模式类似，即跨境电商进口业务经营者在国内的保税区建设仓库，依据大数据预测消费者需求，安排先将交易货物海运至保税区仓库存储，待消费者下单后再以国内快递形式发出。集运模式则是在消费者下单后由物流供应商在海外的仓库集中起来，然后通过海运运至国内，在国内再转为普通快递运输。

(2) 更加经济、高效、透明的跨境电商物流体系正在形成。

为了进一步降低跨境电商物流成本、提高跨境电商物流时效、增强跨境电商物流的透明度，目前部分跨境电商企业正在配建自己的物流仓储系统，专业跨境电商物流企业也在完善自己的转运体系，专业的海外仓公司也纷纷涌现，专门的跨境电商交易平台也纷纷建设自己的物流仓库。在新系统和新体系的建设过程中可以预见，未来将会形成一个更加经济、高效、透明的跨境电商物流体系。

4. 跨境电商物流与配送的发展方向

跨境电商诞生于世界经济全球化、扁平化、信息化加速发展的进程中，国际化、分散化、信息化的跨境电商物流既体现了跨境电商交易的需求，也是未来跨境电商物流持续与健康发展需要关注的问题。在促进跨境电商物流顺应时代潮流发展的过程中，可以预见，跨境电商物流将会呈现以下发展趋势。

(1) 跨境电商物流便利化将持续推进。

为了促进跨境电商的持续发展，各主要贸易国将采取措施对跨境电商物流通关提供多方位的支持，促进跨境电商通关便利化。

(2) 跨境电商物流的标准化将会逐步形成。

随着跨境电商的发展，跨境物流供应商将通过优化仓储布局来提升跨境电商物流的时效性，降低跨境电商的物流成本。在各国的共同努力下和跨境物流逐步规范化的过程中，跨境电商物流的服务标准将会逐步形成，这不仅将大大提升物流的速度、降低物流成本，还有利于跨境电商从业者根据自己的产品特征选择不同的物流服务模式。

(3) 跨境电商物流网络将会触及全球每一个角落。

跨境电商将不同国家或地区的市场运用互联网手段实现了相互连接，跨境电商物流则通过整合不同国家或地区的物流供应商实现货物在全球范围内递送。随着跨境电商的高速发展，将会有越来越多的物流供应商涉足跨境电商物流业务，形成兼顾时效和成本的跨境电商全球物流网络，并将触及全球的每一个角落。

(二) 跨境电商物流与配送模式

当前跨境电商物流模式主要是根据物流流动的方向来划分的，因此跨境电商物流模式可以分为出口跨境电商物流模式和进口跨境电商物流模式两大类。出口跨境电商物流模式又可以分为邮政与快递物流模式、海外仓物流模式两种主要形式；进口跨境电商物流模式又可以分为一般进口物流模式、集运进口物流模式和保税进口物流模式三种主要形式。

1. 出口跨境电商物流模式

在跨境电商出口业务中，有些卖家是通过邮政、快递等物流渠道直接将商品寄送给买家的，这种模式可以称作邮政与快递物流模式；有些卖家是先将货物以 B2B 模式通过海运或者空运送至海外仓库，然后等买家下单后直接将货物从海外仓库发送至买家手中，这种模式叫作海外仓物流模式。

(1) 邮政与快递物流模式。

当前中小企业开展的跨境电商 B2C 出口业务中，绝大多数都是通过亚马逊、全球速卖通等跨境电商平台或者自建平台向境外的消费者开展销售活动的。消费者下订单之后，卖家通过邮政或者快递等物流方式将商品寄送给境外的消费者。

(2) 海外仓物流模式。

海外仓物流模式即在跨境电商买家所在国内建设存储仓库，利用跨境电商销售平台的大数据，分析未来一段时间可能的销售量，然后用传统国际贸易所用的海运或空运物流形式将所售货物运至存储仓库，待客户下单后直接将所售货物从本国存储仓库寄送至买家手中。一方面这种模式大大减少了从买家下单到货物递送至买家手中的时间，提升了客户体验；另一方面还利用了传统国际贸易的海运或空运物流通道，大大降低了跨境电商物流的成本和费用。

当前的海外仓物流模式包括跨境电商平台自建的海外仓、专业物流公司建设的海外仓、跨境电商卖家探索建立的海外仓三种类型。跨境电商平台自建的海外仓中，最著名的当属亚马逊的 FBA 仓；另外，eBay 和全球速卖通也有自己的或合作的海外仓。专业物流公司的海外仓通常会与跨境电商平台合作，为平台商家提供物流仓储服务。部分跨境电商卖家也尝试自行在目的国市场建立海外仓。这些企业在目的国市场租赁或者购买一个仓库甚至只是一栋房屋，然后注册一个公司，将货物由国内发往这家境外公司，在接到客户订单后，从上述仓库或者房屋分拣、包装、快递货物给客户。

建设海外仓的专业物流公司的国内操作中心多数集中在深圳，这些公司借助深圳和香港的便捷物流通道，将货物以较快的速度运至海外仓库。

2. 进口跨境电商物流模式

进口跨境电商物流模式通常分为三种：第一种是一般进口物流模式，第二种是集运进口物流模式，第三种是保税进口物流模式。

(1) 一般进口物流模式。

一般进口物流模式即传统的邮运、快递物流进口模式，与邮运、快递出口模式是对应的。买家在进口跨境电商网站下订单后，由专业物流公司或进口跨境电商先将货物以国际贸易所用的海运或者空运方式运至国内的保税区仓库，然后按照买家订单从保税区向买家寄送发货。

(2) 集运进口物流模式。

传统的邮运和快递等物流方式成本较高，为了降低物流成本，专业物流公司在海外货源地建立仓库，将分散采购的跨境电商商品集中采用集装箱运输至国内，这种模式叫作集运进口物流模式，又称作海淘转运模式。

(3) 保税进口物流模式。

集运进口物流模式虽然降低了运输成本，但是运输时间依然较长。转运通常需要10~15天，较长的运输时间大大降低了客户的购物体验。因此，部分跨境电商进口商将商品预先运至保税区仓库，待到客户下单后再从保税区发货，这样就与国内运输时间一致，大大提高了客户的购物体验，这种模式就是保税进口物流模式。

二、跨境电商支付

(一) 跨境电商支付与传统国际贸易支付的区别

传统国际贸易的支付方式主要有三种：汇付、托收和信用证。这三种支付方式均需通过银行操作，适合金额比较大的交易。跨境电商是通过网络平台进行交易的一种新型国际贸易业态，根据交易对象的不同，可以分为B2B和B2C两种。其中，B2B是企业对企业之间的跨境批发业务，金额大小介于大宗贸易和网络零售之间，可以选择传统的国际贸易支付方式，也可以选择网银、信用卡及第三方支付工具。B2C是企业对个人消费者的跨境网络零售业务，具有单笔金额小、下单频次高、对支付的便捷性要求高的特点，因此不适合采用传统的国际贸易支付方式；同时，银行支付程序较复杂，时效性较差，银行也不愿意为零散的跨境B2C交易提供支付服务。在这种跨境支付需求与供给不匹配的情况下，新型的跨境电商支付手段应运而生。

跨境电商支付是与跨境电商交易平台紧密联系的，消费者可以在购物时通过平台链接的网银、信用卡、第三方支付工具直接进行支付。跨境电商支付可以满足货物贸易及服务贸易的支付需求，前者包括跨境网络零售业务，后者包括境外住宿、餐饮、留学缴费等服务。

与传统的跨境支付方式相比较，跨境电商支付具有以下几个特点。

(1) 小额化、多频化。

随着跨境网络零售的高速发展，国际贸易走向微型化，随时随地可能产生订单，但是订单金额很小。在跨境电子商务尤其是跨境网络零售的背景下，再让买方通过银行托收或是向开证行申请开立信用证就不太合适了，这种方式不但速度很慢，而且成本很高。汇付对跨境小额 B2B 继续适用，但是对于跨境 B2C 来说，消费者更喜欢使用国际信用卡、第三方支付等足不出户就可以付款的网络支付工具。所以跨境电商支付的一大特点是支付小额化、多频化。

(2) 支付方式信息化、电子化。

跨境电商的支付方式与传统贸易的支付方式以及国内电子商务的支付方式都有相关性，而且与后者的相关性更大一些。跨境电商的支付方式与国内电商一样，都要借助网络支付手段。国内电商常用的网银、信用卡、支付宝在跨境电商支付中都可以找到网络支付的身影。跨境电商的支付方式与国内电商相比，实际上就多了一个外汇问题，需要一些中间机构完成两种货币的转换；另外，还需要解决外汇管制问题，因为国家通常对外汇兑换数额有限制。从总体上看，跨境电商支付的另一特点是支付方式信息化、电子化。

(3) 担保方由银行向第三方支付机构转变。

与传统国际贸易一样，跨境电商也涉及买卖双方的信任问题，即先发货还是先交钱的问题。在传统国际贸易中，银行通过信用证方式起到了支付担保的作用，而在跨境电商中，第三方支付公司起到了类似的支付担保作用。以 PayPal 为例，买方下单后使用 PayPal 进行付款，PayPal 会即时把货款打入卖方账户。但是如果买方在 45 天之内对商品不满意，向 PayPal 提出争议，PayPal 会做退款处理，严重时会冻结卖方的账户。第三方支付机构的出现，较好地解决了跨境电商买卖双方的支付信任问题。

(二) 跨境电商支付的种类与主要流程

1. 跨境电商支付的种类

按照跨境支付机构所属地域及承担业务的不同，目前我国跨境支付市场可以分为三大类：第一类，主要是涉足跨境网购(进口电商)、出口电商市场的境内第三方支付机构，如支付宝；第二类，即凭借强大的银行网络，不仅支持跨境网购(进口电商)、出口电商，还覆盖了境外 ATM 取款和刷卡消费等国际卡业务市场的境内传统金融机构，如银联；第三类，以 PayPal 为代表的提供全球在线收付款业务的成熟境外支付企业。跨境电商也正是通过这三类企业的支付业务完成其支付环节的。

若按进出口方向不同划分，跨境电商支付可分为跨境电商出口支付和跨境电商进口支付。

1) 跨境电商出口支付

(1) 信用卡方式。

由于大部分外国消费者都有使用信用卡支付的习惯，而且大多银行都是 Visa 和 MasterCard 的组织成员，因此中国的跨境电商网站都提供 Visa 和 MasterCard 的信用卡支付通道。

(2) 汇款方式。

汇款是小额 B2B 的常用支付方式，买家收款的银行会收取手续费，有的时候卖家付款的银行也会收取手续费。汇款方式的优点是：收款迅速，几分钟之内就可到账；先付款后发货，保证商家利益不受损失。其缺点是：先付款后发货，买方的利益得不到保障；客户群体较小，会限制商家的交易量。

(3) 第三方支付方式。

第三方支付是指具备实力和信誉保障的第三方企业和国内外各大银行签约，为买方和卖方提供信用担保的支付方式。通过第三方支付平台交易时，买方选购商品后将款项不直接打给卖方而是打给第三方支付平台，第三方支付平台通知卖家发货；买方收到商品后通知付款，第三方支付平台再将款项转至卖家账户。

2) 跨境电商进口支付

(1) 境外网站支付。

跨境电商进口支付主要用于本国人在境外电商网站购物并通过境外网站提供的支付工具进行支付。一般来说，境外电商网站提供信用卡、PayPal 以及其他具有地方特色的支付方式。国内银行发行的双币种 Visa 或 MasterCard 信用卡都可以直接用于进口支付，还款时银行会自动转换成人民币金额。PayPal 有中国公司，国内买家也可以很方便地注册账号，完成本币与外币的兑换，使用人民币付款。如果要使用其他第三方支付工具，就要看它是否与本国银行或第三方支付公司有合作并方便结汇。

(2) 境内进口电商网站支付。

为了方便国人购买进口商品，政府和境内电商网站也在积极搭建进口商品平台，吸引外国品牌入驻商城。在这种情况下，国内消费者都可以使用境内常用的支付工具支付，由支付机构负责换汇，把货款打给境外商家。

2. 跨境电商支付的主要流程

我国跨境电商支付主要有两个方面的需求：一是中国消费者在跨境电商平台上购买国外的商品或服务，需要把人民币兑换成外币，打入外国卖家的账户，也就是跨境电商进口的付汇业务；二是中国卖家在跨境电商平台上出售货物或服务，需要把外国消费者通过信用卡或第三方支付工具支付的外币兑换成人民币，再打入中国卖家账户，即跨境电商出口的收汇业务。

1) 跨境电商进口的付汇业务流程

(1) 中国消费者付款。

中国消费者在跨境电商交易平台上购买货物或者服务的时候，需要进入平台链接的支付页面进行支付。交易平台通常会提供丰富的支付方式，如网银支付、APP 支付、快捷支付和扫码支付等。各种支付方式都连接着消费者在某家银行的账户，银行会根据消费者的支付指令把相应的款项打给交易平台，而第三方支付机构如易宝支付就在交易平台的后台接收这些款项。

(2) 支付单推送。

由于这些款项需要出境支付给国外的卖家，因此需要接受我国海关及外汇管理局的监管。中国消费者在支付后，交易平台会形成支付单，并且向海关推送。

(3) 购汇。

海关批准支付单后，第三方支付机构通过在银行开立的外汇备付金账户进行购汇操作。

(4) 付款。

第三方支付机构将每笔交易支付购得的外汇通过 SWIFT 通道转入境外卖家,在境外银行的外币账户完成付汇。

2) 跨境电商出口的收汇业务流程

(1) 境外买家付款。

中国卖家可以选择在国内或者国际的跨境电商平台上开店铺等。外国消费者在平台上下单支付，中国卖家需要方便、安全地收汇。外国消费者通常习惯用信用卡或者第三方支付工具进行网络支付，国内第三方支付机构需要做的业务就是外卡收单。

(2) 汇款。

第三方支付机构与跨境电商交易平台对接，把外国消费者支付的款项划入第三方支付机构在境外的外币账户，再从境外账户汇入其在国内的外汇备付金账户。

(3) 售汇。

第三方支付机构按照当日外汇牌价出售外汇货款，兑换成相应数量的人民币。

(4) 收款。

第三方支付机构将兑换后的人民币打入中国卖家的人民币账户，完成收款。

(三) 跨境电商支付存在的问题

1. 对第三方支付机构的监管存在漏洞

虽然国家对第三方支付机构颁发了牌照，制定了监管政策，但是不可能对公司运营做到完全监控。由于外汇监管部门不能完全掌握交易双方的各项信息和资金流向，因此第三方支付平台存在资金安全问题，同时用户存在的多样性和分散性，也导致外汇监管部门不能进行有效监管，也不能统计真实的收支状况，同时由于第三方支付机构不需要立即还原每笔用款，而是经过一段时间再统一申报，因此难免出现误差和统计错误。

2. 可能存在资金沉淀的风险

一般而言，在第三方支付平台的账户中都有一定的资金储备，一部分来源于买家，在完成交易支付后货款被划入第三方支付平台的账户中，而这些钱款一般是买家在系统中确认收货以后才从第三方支付平台账户划入卖家账户的，这中间因时间差而导致的资金停留是一种资金沉淀；此外，如果卖方从这种虚拟账户中提取现金，则需要缴纳一笔按提取比例或提取次数计算的额外手续费，一般卖方为了降低提现成本，也会将钱滞留在账户里一次性支取，这也增加了资金沉淀量；要求卖家在支付平台预留备付金的规定也增加了资金沉淀量。但是，留在第三方支付平台的资金量越大，则资金沉淀的风险相应也会越大；也可能由于资金调度不及时等原因而引致管理失误并继而产生流动性风险。

3. 存在交易双方的信用风险问题

在现实生活中，存在诸如买家已经完成付款，但卖家却迟迟不发货；或者卖家由于各种原因已事先发出货物，但买家却不付款的行为。银行或第三方支付平台一般并不能完全掌握交易双方的信用状况以及实际的支付纠纷，而跨境的支付信用体系目前尚未建立起来，特别是在拥有不同信用等级的国家之间，第三方支付平台由于归属国的不同，并不能对所有国家/地区的主体采取一视同仁的态度。

三、外贸综合服务

(一) 外贸综合服务的定义

外贸综合服务是指以中小企业为服务对象，以电子商务为工具，以进出口业务流程服务外包为内容，以供应链服务平台为依托，为中小微外贸企业提供流程化、标准化一站式通关、物流、退税、外汇、保险、融资等政府性服务或商业性服务。其主要特征如下。

(1) 主要服务对象为国内的中小微外贸企业。

外贸综合服务企业的服务对象主要是国内的中小微出口型企业。由于该类企业外贸业务量不是很大，对外贸流程处理不是很多，但出口业务的外贸流程处理专业性很强，中小微外贸企业没有必要为此设岗，所以通常把外贸流程业务外包给外贸综合服务企业。

(2) 提供一站式服务。

外贸综合服务企业深入企业交易流程，根据流程环节建立服务模型，通过互联网为中小微企业提供通关、物流、退税、外汇、融资等标准化、规模化、集约化的一站式服务。

(3) 创新赢利的方式。

外贸综合服务企业打破了传统企业降低成本以赚取差价的赢利方式，立足于整个产业链，与各环节相关的企业组成一个个利益共同体，主要提供资金、信息、物流等增值服务，凭借信息、专业知识和人力资源来赚取增值利益，区别于以往赚取差价的模式，创造了新的赢利方式。

(二) 外贸综合服务企业的运行机制

外贸综合服务企业利用信息化手段整合传统外贸供应链中各环节的资源，在符合规定的前提下，进行标准化作业，缩短供应链，为广大中小微外贸企业提供信息、物流、通关、外汇、退税、金融等一体化全流程管控的外贸综合服务。

(三) 外贸综合服务企业的本质及价值创造

1. 外贸综合服务企业的本质

传统的贸易商是贸易与服务的混合体，商品的交易价值由商品价值和流通成本构成，其流通成本又包括物流、资金、商检、外汇、关务和其他中间贸易商的沟通成本，以及由于业务操作不规范或操作错误而导致的其他成本。在传统外贸业务中，贸易流程复杂，贸易商需要和贸易涉及的海关、税务、商检、银行、物流等政府部门和企业多头对接，由于外贸企业的质量良莠不齐，这种分散的、多窗口的对接给政府和企业带来了低效率和高成本。

在电子商务背景下，出现了新的贸易业态——基于单一窗口/外贸综合服务平台的外贸综合服务，将贸易和服务分开，对接商检、税务、海关、法律、外汇等政府性服务和银行、保险、运输等商业性服务，重新组合与贸易相关的各个环节服务，运用互联网 IT 技术打通与各环节窗口、数据的对接，从而实现集约化、标准化、规模化、规范化的外贸综合服务，重构全球贸易价值链，并据此进行新的价值创造。

从本质上看，外贸综合服务企业并没有改变传统的贸易流程，而只是运用互联网 IT 技术，将外贸和服务分开，使二者都更加专业、有效。

2. 外贸综合服务平台的价值创造

(1) 为中小微企业降低流通成本，提高竞争力。

据统计，非制造成本占到我国企业经营成本的 45%，外贸出口中综合物流开支占比高达 30%，是国外的一倍以上，严重影响了我国企业的市场竞争力。集约化、标准化、规模化的外贸综合服务平台以电子商务平台为载体，为中小微企业提供进出口贸易过程中的通关、物流、金融等具有共性的交易流程外包服务。平台通过标准化、规模化、信息化的操作模式提升服务效率，降低企业运营成本。具体来看，实施供应链管理外包可以将运输成本降低 5%～15%，将整个供应链的管理运作费用减少 10%～25%；最高资质的通关速度能规避交期延误的风险，可使企业的准时交货率提高 15%，使订单处理周期缩短 25%～35%。

(2) 基于服务交易数据建立企业信用保障体系，创造金融服务价值。

外贸综合服务平台运用自身的系统处理能力，将在其平台上沉淀下来的交易数据作为企业信用保障额度的确定依据，为中小微企业提供集监管、申请、投放、还款、放贷等贷前、贷中和贷后一体化的综合资金管理体系。在一定条件下，此信用保障额度累积数据还将作为平台帮助供应商向买家提供跨境贸易安全保障的依据，形成中小微企业的商业信用基础。另外，平台还可以为金融机构进行信息采集提供有效的存贷依据，降低贷款风险，并且跟进贷后资金运营监控，保证资金应用方向。这些措施能够全面激活中小微企业的融资系统，有效缓解中小微企业的生产运营资金压力，帮助银行改变传统以"存贷差"为主的盈利模式，扩大银行业务对象和范围。

3. 外贸综合服务企业的作用

(1) 支持外贸转型升级，扩大贸易参与群体。

当前中国外贸的核心问题不是产品制造的问题，也不是西方市场需求的问题，而是配套外贸服务的问题，尤其是金融服务问题。中国外贸发展几十年，生产能力、产品配套都已经得到了长足发展，然而交易方式依然维持30年前现款现货的模式，金融服务不足导致的落后的交易方式极大地阻碍了中国外贸的健康发展。

(2) 有利于中小微企业商业信用的建立。

企业商业信用，尤其是中小微企业商业信用缺失一直是中国社会经济的一个难题，也是中小微企业融资难的根源所在。外贸综合服务平台深入中小微企业对外贸易各个关键环节，采集最为真实、全面的交易信息，并将这些宝贵的信息传递给银行等金融机构，用于融资分析和执行。随着企业交易的重复进行，这些信息得到不断累积和完善，从而有助于建立起一套动态可监控的企业商业信息系统，形成中小微企业商业信用基础，全面激活中小微企业的融资系统。

(3) 帮助中小微企业降低成本，做精做细。

外贸综合服务企业大多拥有专业的通关、物流、税务、金融、法务人员，可为企业处理通关、物流、外汇结算等全套业务流程，极大地提高了中小微企业进出口业务处理能力，提升了外贸效果。平台依托整体规模优势，通过对物流、金融、保险等各方资源的整合，可改变中小微企业因个体规模小、需求分散而在金融、物流、通关、渠道等服务环节严重缺少议价能力的现状，降低中小微企业外贸交易成本。外贸综合服务企业通过将服务引入企业经营中的方式，帮助企业返回核心业务，专注于本职，做精做细。

(4) 协助优化政府监管服务资源，扩大进口。

外贸综合服务平台对国内外中小微企业业务进行批量化处理，统一向海关、税务、商检等监管部门进行业务申请，并根据监管部门标准对各中小微企业业务采取预审方式进行梳理，有利于扩大进出口。对出口而言，有助于降低社会成本，起到协助优化外贸监管部门工作的作用；对进口而言，有助于帮助海外中小微企业解决不熟悉中国进口手续问题，使海外供应商出口中国与出口其他国家一样方便，扩大进口范围和提高进出口效率。

4. 外贸综合服务的战略意义

我国已进入经济转型和产业升级的关键期，外贸综合服务企业有很大的发展空间，此类企业可以通过整合资源、创新交易模式、提供外贸服务外包，帮助制造业特别是中小微制造企业实现业务管理流程升级，重塑核心竞争力，带动第三方服务业，提升中国产业国际竞争力和定价话语权，发挥助推产业转型升级的引擎作用，从而拓展巨大的市场发展空间。

(1) 助推中国制造的转型升级。

经过 30 多年的发展，中国的制造能力已非常强大，产品性价比很高，信息化建设取得显著成效，海内外信息不对称的问题基本上得以解决。当前影响外贸发展的最大障碍是金融服务和物流服务的不足，尤其是中小微企业，突出表现为"不是没有订单，而是做不了"。打通中小微企业和金融、物流机构之间的障碍，让中小微企业也能够得到优质的专业化金融服务和物流服务，必须通过一大批以电子商务为先导的全球整合型供应链服务平台来整合资源、化零为整，才可能最终实现。

(2) 推进区域经济布局的优化。

我国外贸企业主要集中在沿海发达地区，"珠三角＋长三角"占比达 70%，土地及人工成本增长必然使得生产企业向内地转移，而内地服务业落后是制约其外贸发展的重要因素。以外贸综合服务企业支持外贸发展，可大范围辐射内地市场，优化区域经济布局，减少其服务业落后的瓶颈制约。

(3) 助推第三方服务业发展升级。

外贸综合服务平台通过其搭建的公共平台(进出口服务管理系统)，将其服务流程环节通过互联网接驳到各监管部门，涉及银行、海关、商检、国税等。通过计算机与网络，可以完成进出口服务的电子化操作；通过整合外贸、金融、物流等服务资源，用信息化工具吸引信用认证、法律支持、外贸咨询、供应链管理等更多的贸易配套服务资源；通过服务接包和转包，助推我国第三方专业化服务业的发展壮大；通过打造"平台化国际贸易服务中心"，掌握物流、结算话语权，助推国际物流中心和金融中心建设。

(4) 为宏观调控和制定政策提供参考。

外贸综合服务平台不仅是商业性的平台，还因掌握大量中小微企业进出口真实数据和信息而兼具了公共平台的属性和价值。平台可以通过统计、分析和研究大量的、真实的动态数据，监控中小微企业在对外贸易活动中的状况，掌握中小企业的外贸景气状况和资金压力状况，为政府宏观调控和制定政策提供参考。

第三节　跨境电子商务的物流服务

一、国际物流认知

国际物流在整个跨境电商业务中非常重要，直接关系到订单的实际成本和客户的购物体验，甚至影响店铺的生死存亡。既然国际物流这么重要，那么接下来我们将详细介绍各种国际物流渠道。

目前，跨境电商国际物流模式主要有邮政包裹模式、国际快递模式、专线物流模式、平台集运模式和海外仓储模式。

（一）邮政包裹

1. 中国邮政物流

根据运营主体不同，可以将中国邮政物流分为两大业务种类：一是中国邮政邮局的中国邮政小包和大包；二是中国邮政速递物流分公司的 EMS 和 e 邮宝、e 特快、e 速宝等业务方式。两者运营的主体不同，包裹的收寄地点也不同。

2. 其他国家或地区邮政小包

邮政物流是使用较多的一种国际物流方式。作为万国邮政联盟的一员，邮政有网点覆盖全球的优势，各地对于重量、体积、禁限寄物品要求等方面均存在很多的共同点。然而不同国家和地区的邮政所提供的邮政服务却或多或少地存在一些差别，主要体现在不同区域会有不同的价格和时效标准，对于承运物品的限制也不同，主要体现在对带电、带磁、粉末、液体等产品的限制。

（二）国际快递

1. DHL

DHL 成立于 1969 年，总部在比利时，是目前世界上最大的航空速递货运公司之一，是全球快递、洲际运输和航空货运的领导者，也是全球第一的海运和合同物流提供商。它的优势在于网点多、覆盖广，可达全球 220 个国家和地区，同时价格、服务和清关能力都比较优越。无论是文件或包裹，是即日、限时或限日送达，DHL 皆可提供满足需求的服务。DHL EXPRESS 作为 DHL 的金牌产品之一，全球欧美交易 TOP10 国家 2～3 个工作日即可到达。

2. TNT

TNT 成立于 1946 年，总部在荷兰，拥有约 50 架飞机和 2 万部车。TNT 在欧洲和亚洲可提供高效的递送网络，且通过在全球范围内扩大运营分布来优化网络域名注册查询效能，提供世界范围内的包裹、文件以及货运项目的安全准时运送服务。

3. FedEx

FedEx(联邦快递)总部设于美国田纳西州，是一家国际性速递集团。联邦快递是全球最具规模的快递运输公司，为全球超过 235 个国家及地区提供快捷、可靠的快递服务。联邦快递设有环球航空及陆运网络，通常只需一至两个工作日，就能迅速运送时限紧迫的货件，而且确保准时送达。

4. UPS

UPS(联合包裹服务公司)于 1907 年作为一家信使公司成立于美国，致力于支持全球商业的目标。其商标是世界上最知名、最值得景仰的商标之一。作为世界上最大的快递承运商与包裹递送公司，UPS 同时也是专业的运输、物流、资本与电子商务服务的领导性提供者。

(三) 专线物流

跨境专线物流一般通过航空包舱方式将货物运输到国外，再通过合作公司进行目的地国国内的派送，是比较受欢迎的一种物流方式，也是针对某个指定国家的一种专线递送方式。它的特点是货物送达时间基本固定，如到欧洲英法德需要 5~6 个工作日，到俄罗斯需要 15~20 个工作日，运输费用较传统国际快递便宜，同时保证清关便利。

平台上的专线物流运费比普通邮政包裹还要便宜，清关能力比普通邮政包裹强，运达速度快。不同物流服务商也提供了各自的专线物流，这样可以综合对比价格和时效性选择最优的线路。专线物流主要是在价格和时效方面优势明显；不过也有缺点，那就是专线物流服务一般由物流服务商自己提供，而这些物流服务商大小不一，质量良莠不齐，需要店铺经营者自己花时间筛选。

(四) 平台集运

平台集运是一个针对买家的服务方式。目前速卖通平台已经提供了这种服务。平台会自动筛选符合要求的商品，在买家购买时会出现选择集运的选项，如果买家选择集运，那么买家从不同店铺购买的多个商品，在各自店铺发货后会逐个进入中转仓库，等到齐后，统一打包成一个包裹再发给买家。采用平台集运，买卖双方都有可能减少分开发货的物流成本，这对于买卖双方都是一个有利的方式，并且能吸引到更多买家。

二、认识海外仓

(一) 海外仓的含义

海外仓是指建立在海外的仓储设施。海外仓储服务指卖家在销售目的地进行货物仓储、分拣、包装和派送的一站式控制与管理服务。确切来说，海外仓储应该包括头程运输、仓储管理和本地配送三个部分。

在跨境电子商务中，国内企业将商品通过大宗运输的形式运往目标市场国家，在当地建立仓库、储存商品，然后再根据当地的销售订单，第一时间做出响应，及时从当地仓库直接进行分拣、包装和配送。

不少电商平台和出口企业正通过建设海外仓布局境外物流体系。海外仓的建设可以让出口企业将货物批量发送至国外仓库，实现该国本地销售、本地配送。海外仓自诞生开始，就不单单是在海外建仓库，它更是一种对现有跨境物流运输方案的优化与整合。

(二) 海外仓的兴起原因

随着跨境电商业务的发展，大家在物流发货时经常会遇到直发跨境包裹时效长、破损率高、旺季拥堵等诸多障碍。于是，市场迫切需要一种能解决这些问题的方式。

海外仓是顺应跨境电商发展趋势出现的一种仓储模式。对于跨境电商而言，想要获取较高利润，让买家认可自己的服务，就必须缩短配送时间，而海外仓直接在当地发货，可以有效缩短时间；经营者想要降低物流成本，解决破损率高、丢包率高等问题，就需要直接把控物流，而海外仓统一用传统外贸方式集中货运到仓库。海外仓可以说是顺应跨境电商发展趋势而出现的一种仓储模式。

(三) 海外仓的优缺点

1. 海外仓的优点

(1) 降低物流成本。

跨境电商以一般贸易的方式将货物输送至海外仓，以批量发货的形式完成头程运输，比零散地用国际快递走货节省了成本，并且有效减少了丢包、破损损失等问题发生。

(2) 可以退换货，改善海外买家的购物体验。

每个买家都十分看重售后服务，如果使用海外仓，买家退换货到海外仓就方便了许多。海外仓能给买家提供退换货的服务，也能改善买家的购物体验，从而提高买家的重复购买率。

(3) 能有效地避开跨境物流高峰。

节假日，卖家会集中在节后大量发货，这势必会严重影响物流的运转速度，从而影响买家的收货时间。而使用海外仓，卖家会提前备货批量发到海外仓，有订单只需下达指令进行配送就可以了，这就减少了高峰期物流慢的困扰。

2. 海外仓的缺点

(1) 卖家无法像管理自己的仓库一样管理海外仓，货物发到海外仓，卖家就无法接触到货物了。

(2) 库存压力大，仓储成本高，资金周转不便。

(四) 海外仓的操作

海外仓的操作流程如下。

(1) 卖家自己将商品运至海外仓储中心。

这段国际货运可采取海运、空运或者快递方式到达海外仓，也可以委托承运商将货发至承运商的海外仓。

(2) 卖家在线远程管理海外仓储。

卖家使用物流商的物流信息系统，远程操作海外仓储的货物，并且保持实时更新。

(3) 根据卖家指令进行货物操作。

利用物流商海外仓储中心的自动化操作设备，严格按照卖家指令对货物进行存储、分拣、包装、配送等操作。

(4) 系统信息实时更新。

发货完成后系统会及时更新，以显示库存状况，让卖家实时掌握。

三、计算国际物流运费

(一) 实重和体积重量

实重就是指产品打包包裹好后称重的实际重量。

体积重量是指按照公式计算产品包裹的体积除以系数得到的一个数值，物流公司如果运费是计包的话就会对比包裹的实重与体积重，取其中较大的值用来计算运费。不同的物流公司这个系数有所不同，一般是5000、6000，个别是8000。

体积重量(kg)计算公式为：

$$体积重量 = \frac{长(cm) \times 宽(cm) \times 高(cm)}{系数}$$

商业快递通常会计算体积重。

(二) 常用运费计算方法

卖家通常会找物流服务商要运费报价，也可以找他们要报价表，方便自己估算运费定价。

邮政小包的运算比较复杂，要考虑首重、续重，还要考虑国家，不同克重范围的计算系数也不一样。真实费用和计费方式都可以和邮局协商，比如可以和邮局协商买断价。

四、国际物流的选择

前面介绍了很多的物流渠道，那么怎么选择最适合的渠道呢？这要结合自己的实际需求。如果产品定位比较高端，价值也比较高，可以走商业快递，提升品牌形象的同时也可以避免损失。如果产品价值相对不高，而运输成本可能占比较大，那么可以尽量选择相对低廉的邮政小包作为主要运输方式。

因此，卖家在发货之前，可以充分地综合比较，从价格、时效、运输安全等角度去合理安排运输渠道。

(一) 一般货代服务

跨境电商经营者在实际经营过程中，物流运输方面通常是和货代合作，由货代作为承接商再去与邮局或者商业快递合作。当然也有直接和邮局或者商业快递合作的。这之间的区别主要在于经营者可以选择一个好的货代而不用再去和不同的邮局或者商业快递一一联系了。实际经营中，可能需要不同的运输渠道，如果全部都自己操作，既费时间，信息掌握得也不全面。而货代通常拥有更多的运输渠道可以满足需求。

(二) 不同国际物流对比

不同国际物流的对比见表4-7。

表 4-7 不同国际物流对比

物流渠道	费 用	时 效	操作难度	积压风险
邮政小包	低	慢	简单	无
商业快递	高	快	简单	无
海外仓	中等	快	难	有

五、物流运费模板设置

物流运费模板是平台提供的设置方式，可以一次设置，在产品编辑时直接选用，方便快捷。

平台为不熟悉跨境物流的新人提供了新手模板，里面包含了简易类物流、标准类物流、e邮宝、中国邮政挂号小包、快速类物流、EMS等物流方案。

平台还提供了标准运费计算服务，没有设置任何折扣、减免，新手就可以利用此模板快速输入产品信息，产品页面会自动计算运费，相当方便；不过也由于没有设置任何折扣、减免，运费显示可能相对较高，这对于新手是好事，可以保证运费不会亏损，但是在有经验之后，应该尽快更改并且自定义，以便提高产品运费的竞争力。

六、国际物流单号查询

(一) 常用查询工具

国际物流单号可以在邮政官网、快递官网、全球物流查询平台、速卖通平台集成的菜鸟网络全球物流跟踪网站上查询。

(二) 国际物流状态解析

物流订单在运输过程中，到了什么地方，现在是什么状态，这是客户最关心的问题；可是那些专业的物流术语客户却看不懂。下面列举了常见的术语解释供参考。

包裹状态是当前包裹运输阶段的一个表示。一般分为这几种：查询不到、运输途中、到达待取、投递失败、成功签收、可能异常、运输过久。

1. 查询不到

包裹查询不到跟踪信息，一般为以下几种情况：

(1) 运输商还未接收到此包裹。

(2) 运输商还未对此包裹进行跟踪信息的录入。

(3) 提交的单号错误或者无效。

(4) 提交的单号已经过期。

一般来说，包裹发货后，运输商需要时间进行包裹处理及跟踪信息的录入。因此包裹发货后并不一定可以马上就能查询到跟踪信息。在未上网或查询不到的状态下，可以与运输商联系确认，或稍后再进行查询。

2. 运输途中

包裹正在运输途中，一般为以下几种情况：

(1) 包裹已经交给了运输商。

(2) 包裹已经封发或离港。

(3) 包裹已经到达目的地国家，正经海关检验。

(4) 包裹正在目的地国家进行国内转运。

(5) 包裹正处于其他的一些运输过程，例如，中转至目的地国家以外的其他国家等。

包裹在运输途中时，一般要留意查看详细跟踪信息。如包裹已经到达目的地国家，可以隔一两天查询一次，以确保收件人顺利及时收取到包裹。

3. 到达待取

到达待取表示包裹已经可以收取，一般为以下几种情况：

(1) 包裹已经到达目的地的投递点。

(2) 包裹正在投递过程中。

包裹到达待取的情况下，建议收件人联系目的地国家运输商了解投递事宜。请注意，一般运输商对取件有一定的保留期，所以若包裹已处于当前状态下时，要尽快联系取件，以免包裹被退回。

4. 投递失败

投递失败表示包裹尝试派送但未能成功交付。

正常情况下，包裹未能派送成功的原因通常是：派送时收件人不在家、投递延误重新安排派送、收件人要求延迟派送、地址不详无法派送或地址位于不提供派送服务的农村或偏远地区等。

在投递失败的情况下，建议收件人联系目的地国家运输商安排再次投递或者自取包裹。请注意：一般运输商对未投妥件有一定的保留期，所以若包裹已处于当前状态下时，请尽快联系取件，以免包裹被退回。

5. 成功签收

成功签收表示包裹已被成功签收。正常情况下，成功签收表示收件人已经成功收取包裹。如果收件人并未接收到包裹，建议收件人咨询目的地国家运输商，或由发件人在发件国家开档查询投递情况。

6. 可能异常

可能异常表示包裹运输途中可能出现异常，一般为以下几种情况：

(1) 包裹可能被退回。常见退件原因是收件人地址错误或不详、收件人拒收、包裹无人认领超过保留期等。

(2) 包裹可能被海关扣留。常见扣关原因是包含敏感违禁、限制进出口的物品，未交税款等。

(3) 包裹可能在运输途中遭受损坏、丢失、延误投递等特殊情况。

7. 运输过久

运输过久表示包裹已经运输了很长时间而仍未投递成功，一般为以下几种情况：

(1) 运输商在到达某个运输阶段后，不再进行跟踪信息的录入。

(2) 运输商遗漏了跟踪信息的录入。

(3) 包裹在运输中可能丢失或者延误。

这些是物流运输中的大概状态，查询时显示的文本不一定是这些字样，具体显示内容各个渠道都有不同。

(三) 查询常见问题

物流运输中，客户经常会问一些问题，这些问题都是从业者可能需要解答的，这里列举了一些常见问题及原因。

(1) 我的包裹在哪里？我一个月前购买的！

以下是通常情况下，全球邮政挂号小包或 e 邮宝的处理及运输状态。

第 1～2 天接收/原发货地。

第 2～3 天转运/出口互换中心。

第 2～4 天待海关检验/出口互换中心。

包裹封发离港后，大部分将不再更新包裹状态，直至到达目的地国家。

第 4～10 天抵达目的地国家港口或机场/目的地。

第 10～15 天待海关检验/进口互换中心。

第 15～30 天国内转运以及最后 1 英里交货。

如果超过 60 天仍未顺利投递，包裹可能会被退回给发件人。

当包裹到达目的地国家后，如果急于收货，可以尝试联系当地的运输商加快交货。

(2) 我的包裹的确切位置是什么？

对于大多数国际挂号小包、大包以及快递服务，国际件一般没有预计到达日期，所以运输时间可能要比预期的慢。由于进出口海关程序和航空公司的安排不同，所以国际航运与国内快递有很大的差异。

(3) 为什么我的包裹"查询不到"？

"查询不到"表示找不到该单号的任何信息。可以仔细检查跟踪号是否正确，或联系发货人验证一下单号。

如果跟踪号是正确的，请在包裹发出至少 1～2 天后再查询跟踪详细信息，因为通常情况下，运输商还需要一些时间来进行包裹的收取及处理。

(4) 如何修改包裹收件地址？

一般情况下，如果包裹已发货，则无法更改地址。只能等包裹到达目的地国家后，联系当地的运输公司来反馈想要更改地址的请求。

(5) 包裹被卡在某地时，会更新信息吗？

如果包裹已经有很长一段时间没有更新物流信息，这可能意味着该包裹仍在运输途中或运输商省略了这一部分的跟踪信息；也有一些运送方式不支持全流程的物流跟踪。在这种情况下，可以直接联系收件国本地的运输公司来正式调查包裹的下落。

第五章 "互联网+"背景下电子商务网站的建设

第一节 电子商务网站的相关概念

一、电子商务网站的定义和主要功能

(一) 电子商务网站的定义

关于电子商务网站，迄今为止尚没有明确的定义。对于企业来讲，电子商务网站好比是"工厂""公司""经销商"；对于商家来讲，它好比是"商店""商场""门市部"；对于政府机构来讲，它好比是"宣传栏""接待处"或"办公室"；等等。在电子商务中，网站是其拥有者与用户交流及沟通的窗口，是买方和卖方信息交汇与传递的渠道，是企业展示其产品与服务的舞台，是企业体现其企业形象和经营战略的载体等。企业及政府机构实施电子商务，必须建立网站或借助其他商务网站；否则，电子商务的交易是不可能实现的。因此，简而言之，电子商务网站是企业开展电子商务的基础设施和信息平台，是实施电子商务的公司或商家与服务对象之间的交互界面，是电子商务系统运转的承担者和表现者。

电子商务网站在软、硬件基础设施的支持下，由一系列网页、编程技术、应用程序和后台数据库等构成，具有实现电子商务应用的各种功能，可以起到广告宣传、经销代理、银行与运输公司中介以及信息流动平台等方面的作用。

作为一个企业，建立了自己的电子商务网站，就是对外设立了一个门户，不仅有利于企业树立自己的网上品牌，宣传企业形象，在互联网上开展电子商务业务，而且有助于企业从长远发展和战略竞争高度来思考与制定未来的发展目标和经营策略。通过这个门户，企业可以为合作伙伴和客户等提供访问企业内部各种资源及向外发布各种信息；能增加与客户的接触点，有助于企业提供更高水平的客户服务和提高用户忠诚度的个性化服务；可以使客户更方便、更快捷地购物、付款和交付，减少流通环节的开支，增加企业效益；有利于企业发展"供应链网络"，以实现"零库存"，并且可以提高企业的工作效率，减少管理费用。

(二) 电子商务网站的主要功能

电子商务网站的功能关系到电子商务业务能否具体实现,关系着企业对用户提供的产品和服务项目能否正常开展,关系到用户能否按照企业的承诺快速地完成贸易操作。因此,电子商务网站功能的设计是电子商务实施与运作的关键环节,是电子商务应用系统构建的前提。由于企业生产与经营目的的差异,在网上开展电子商务的业务也是不尽相同的,同时企业建立电子商务站点的方式也不一样,所以,每一个电子商务网站在实现具体功能上是有区别的。

1. 企业形象宣传

企业形象宣传是电子商务网站一个非常重要的功能。目前有些企业只是建立了一个静态的网站,而且很少更新,电子商务业务的开展还处于初始阶段。因此,抢占未来商业竞争的制高点,建立自己的商务网站并率先打造与树立企业形象,是企业利用网络媒体开展业务最基本的出发点。网站的企业形象宣传功能是很容易实现的,但是要获得用户的普遍认可有一定难度。

2. 产品和服务项目展示

产品和服务项目展示是电子商务网站一个基本且十分重要的功能。利用网络媒体进行产品的推销,无疑使企业多了一条有效的营销渠道,同时这也是企业开展电子商务的基础。

3. 商品和服务订购

商品和服务订购是电子商务网站实现用户在线贸易磋商、在线预订商品、网上购物或获取网上服务的业务功能,提供全天候 7×24 小时的随时交易。该功能不仅依赖于技术的设计与实现,还需要网站主体在设计时从简化贸易流程和便于用户运用的角度去构思。

4. 转账与支付、运输

转账与支付、运输是电子商务网站体现资金流、物流信息活动的功能。该功能一般是企业借助于第三方平台去实现的,如资金采用支付宝、物流采用 EMS 等。

5. 信息搜索与查询

信息搜索与查询是体现网站信息组织能力和拓展信息交流与传递途径的功能。当网站可供客户选择的商品与服务和发布的信息越来越多时,逐页浏览式获取信息的途径,显然已无法满足客户快速获得信息的要求。因此,商务网站如何提供信息搜索与查询功能,如何使客户在电子商务数据库中轻松而快捷地找到需要的信息,是电子商务网站成功的关键。除了运用比较先进的信息存储与检索技术外,还要充分考虑商务交易数据的复杂性。

6. 客户信息管理

客户信息管理对反映网站主体能否以客户为中心、能否充分地利用客户信息挖掘市场潜力具有重要利用价值。随着市场竞争的加剧,利用网络媒体和电子商务手段及时地获取与处理客户信息已经越来越重要,并已在企业中形成共识。

7. 销售业务信息管理

完整的电子商务网站还要包括销售业务信息管理功能，从而使企业能够及时地接收、处理、传递与利用相关的数据资料，并使这些信息有序且有效地流动起来，为组织内部的 ERP、DSS 或 MIS 等管理信息系统提供信息支持。该功能依据商务模式的不同，包括的内容也是有区别的。如分公司销售业务管理功能应包括订单处理、销售额统计、价格管理、货单管理、库存管理、商品维护管理和客户需求反馈等；经销商销售业务管理功能应包括订单查询、处理，进货统计和应付款查询等；配送商销售业务管理功能应包括库存查询、需求处理、收货处理和出货统计等。

8. 新闻发布、供求信息发布

电子商务网站的新闻发布、供求信息发布功能可实现新闻的动态更新、新闻的检索、热点问题追踪以及行业信息、供求信息和需求信息的发布等。

二、网站在电子商务中的作用

电子商务离不开互联网，当然就离不开商务网站。网站在电子商务中的作用大致包括以下几个方面。

(一) 树立崭新的企业形象

电子商务网站为公司或企业提供了一种可以全面展示其产品和服务的虚拟空间，起到了提高企业知名度和增加企业信誉度的作用。在商务网站上做宣传的方式使企业的长期广告成本大大低于其他媒体，已有越来越多的企业在互联网上宣传本企业的形象和提高其产品的知名度。随着电子商务活动范围的不断扩大，商务网站的广告效应将不断增强。

(二) 改变企业的竞争格局

电子商务网站改变了企业的竞争格局，帮助各类企业扩大竞争领域，大幅度地提高了企业的竞争能力。

互联网上的网站是一个虚拟空间，使得公司或企业不分大小，也无论位于何处，在网上都是一个拥有 IP 地址或域名的 Web 站点。因而在互联网上，企业的形象不再由规模、实力、人数、业绩、信誉和历史等决定，而是逐渐被一套新的规则所替代。这些新规则包括规范、快捷、方便、亲切、美感、专家咨询、全球性比较、个性化选择和交互式使用等。所以，在网络时代，大者恒大、强者恒强已不再管用，大批中小企业与各类大型企业将在同一条起跑线上起飞。电子商务改变了以往的市场准入条件，使中小企业从原先主要被大企业占有或几乎垄断的市场中获得更多的发展机会和利润。

(三) 与客户直接交流，提供个性化服务

通过网站，企业或商家可以全天候跨地区地为客户服务，与客户保持售后联系，倾听

客户意见，回答客户提出的问题。

基于互联网的商务网站缩短了生产厂商与最终消费者之间的距离，同时改变了传统市场的格局，大大减少了交易成本。商务网站为商家和客户提供了更加密切的交互平台，不但给企业提供了更多的开拓市场的机会，而且为消费者提供了更丰富的消费选择。基于网站的商务活动提高了企业把握市场和消费者了解市场的能力，从而提升了企业开发新产品和提供新型服务的能力。企业通过其商务网站可以迅速捕捉到消费者的偏好与消费习惯，同时可将消费者的需求及时反映到企业的决策层，从而促进企业针对消费者需求所进行的研究和开发活动。

(四) 直接开拓国际市场

企业建立了自己的网站，就意味着已经打开了进入世界上几乎每一个国家市场的通道。实际上，很多未将产品外销列入计划之内的公司或企业应该意识到，网站的信息一经发布，就肯定会为企业带来国际性的商业机会。不言而喻，对于出口外向型或有意进军海外市场的企业来说，在互联网上建立网站无疑是开拓国际市场最廉价、最有效的手段，也是使本土企业国际化的一条捷径。

(五) 提供全天候的服务

电话、电报、传真等是企业的合作伙伴，以及企业和消费者沟通并提供产品或服务的传统通信联络手段。而在今天，企业利用自己的商务网站，则可以更生动、更直观、更方便地与更广泛的其他企业和个人进行交互联系并推销产品和提供服务，并且这种方式是 24 小时不间断进行的，通常也不会有节假日等不营业的日子。

(六) 高效廉价的定向宣传

企业的网站是针对客户群进行高效、廉价、定向宣传最有力的工具。若在搜索引擎中随便输入一个非常生僻的技术术语，其搜寻结果往往会是数以千计，即使是非常专业地将市场细分，企业或公司也会找到自己的同行和潜在的客户。在互联网上加入专业的贸易协会、新闻组、邮件清单，将会发现以前鲜为人知的产品或服务，现在成了许多人共同的热门话题。

(七) 缩短推出新产品和打开新市场的周期

推出新产品和打开新市场的代价是昂贵的。少数大型企业可耗费巨资打广告、搞促销，然而对于大多数企业来说，既没有足够的资金，也没有足够的时间去等待、收集和分析足够的反馈，以决定自己该如何改进产品或制定进入新市场的销售策略。然而通过自己的商务网站，企业可以采用多媒体方式展示其新产品，描述其优点和特色，同时能够以极低的成本在新的目标市场上向更多客户打广告、做宣传。而后，就会发现人们对新产品的意见以及新市场的反馈纷至沓来，便可从中得出令人信服的数据。

(八) 有利于发展客户关系网

任何一个要创立品牌、立志做大的企业，都不能忽略互联网及其不断发展壮大的用户群。几乎每个成功的商人都有类似的经历：一次偶然的会晤，互换了名片，结果却带来了大生意。通过互联网上的网站，商家可以向成千上万个潜在的客户发放"名片"，一天24小时地向他们介绍："我能为你做什么？如有需要，请跟我联系。"商务网站还能方便地把来访的客户信息记录下来，实现有效的客户关系管理，以便保持与客户的联系并更好地为客户服务。

(九) 大大降低商务活动的成本

通过建立网站开展网上营销活动，不需要租用场所和装饰店面，也不需要大量的导购、销售、管理和保安等人员，并且可以全天候营业，因而可极大地降低商务活动的成本。

(十) 有利于和在外机构与人员保持联系

企业通过建立自己的网站，可以非常方便地与分散在各地的分支机构及其员工保持联系。例如，外地的各个分公司及出差在外的销售人员需要掌握公司总部的最新动态和指令，而公司总部需要及时了解和统计各分公司的销售业绩等。通过公司的网站，仅需花费廉价的上网费，公司总部和各个分公司之间以及公司与外地出差人员之间就能安全、便捷地沟通，快速查询有关资料，并且可以互传文件。这有利于增强企业与员工之间以及员工与员工之间的交流和合作，明显地提高了工作效率，降低了管理费用。

三、电子商务网站的形式

由于建立网站的目的和服务对象不同，各种商务网站在规模、内容和风格上也会有很大的不同。以下是目前几种常见的主要网站形式，体现了各种网站的不同定位。

(一) 宣传式网站

利用网站开展企业推介和营销宣传活动，是利用网站开展商务活动的第一步，这是目前我国许多企业采用的网络营销模式。由于在这些企业内部通常还没有建立起基于网络和数据库的现代化管理信息系统，因而它们建立网站的目的仅仅是利用网站宣传企业的形象，并提供企业机构设置、产品种类及价格、联系方式等信息，因而相当于放置在互联网上的电子宣传手册和广告牌。

在这类网站中，一般不能提供更多的服务，也不能开展网上交易，属于一种静态网站，最多可以提供一个电子邮件的超级链接，客户可以通过这个链接发送电子邮件与该网站主体进行联系。虽然此类网站投资少、建站快，但没有充分利用网络与网站的功能和优势，因而营销效果有限；而且，这类网站往往缺少内容更新，时间一长，就成了互联网上的

"死站"。当然，企业创建了自己的网站，相当于在互联网上有了一席之地。如果再在网站上增加一些服务，如各种广告和友情链接等，便可进一步增加网站的营销功能和访问量。

(二) 门户式网站

所谓门户式网站，是指只要客户登录这个网站，就可以得到企业或商家提供的所有服务。企业通过其门户网站把内部管理信息系统中可公开的信息与外部的客户和合作伙伴连接起来，在更大范围内实现信息的整合和共享。

(三) 交易式网站

交易式网站通常也被称为网上商店，此类网站除了在网上提供企业、商品和服务的有关信息外，其主要目的是开展 B2C 形式的商品交易活动和提供相应的交易服务。此类网站由于其经营商品种类的不同与服务方式的不同，又可分为以下几种不同的类型，其中一些是实行电子商务后创造和发展出来的新型商业模式。

(1) 网上超市。

网上超市经营各种商品，由网站经营者自己组织货源，并通过在线方式销售给最终消费者。

(2) 网上专卖店。

网上专卖店主要经营某一类容易在网上销售的商品，比如网上书店、网上鲜花店、网上礼品店等。由于网上专卖店的目标客户群体相对明确，所以一般比较容易成功。

(3) 特殊交易网站。

提供特殊交易的网站包括网上证券、外汇交易、网上游戏、网上视听等。这些类型的网站大多是电子商务衍生出来的新网络营销模式。

(四) 交易中介式网站

交易中介式网站主要用于建立交易平台，让其他企业或个人到此网站进行交易，收取一定的中介服务费用或服务器存储空间租用费用，开展 B2B、B2C 或 C2C 形式的交易活动。常见的中介交易式网站有以下几种。

(1) 网上商城。

网上商城为每个进驻商城的商家提供网络空间和链接，存放企业的产品信息，网站本身并不组织货源和进行交易。中小型企业到这样的网站开展网络营销可以说是一种投资少、见效快的方法。

(2) 网上拍卖。

网上拍卖大多属于 C2C 的电子商务模式。

(3) 网上信息提供。

专门从事网上信息发布服务的网站有交通信息网站、气象信息网站和招聘信息网站等。其中，招聘信息网站专门提供各种人才库信息和公司人才需求信息，很受企业和求职者的欢迎。

(五) 内部管理式网站

基于 Web 的管理信息系统是现代企业管理信息系统的新模式，而企业网站在这种系统中起着极为重要的作用。企业内部网站的主要功能是服务于企业的内部管理，将企业内部各个职能部门的管理统一到这个网站平台上。有了企业的内部管理网站，可使员工对企业的组织机构、业务流程和经营现状等信息一目了然；并可提供企业内部信息的发布与查询功能，以及员工和企业、员工和员工之间的交流等功能，从而实现将传统的金字塔式的逐级管理模式逐渐向网络化和知识型的管理模式过渡。

内部管理式网站的关键问题是如何通过网站实现企业内部各种管理职能的优化整合及管理信息的整合和共享，以及如何形成适应网站特点的管理流程，实现管理模式的变革并促进管理水平和效率的明显提升。

(六) 行业式网站

社会上各行各业都可以根据需要创建本行业的商务网站，开展行业性的电子商务活动。由于各行业经营方式和经营项目的不同，其网站在内容、形式、风格的定位上也有较大差异。

(七) 电子政务网站

电子政务与电子商务关系密切，健全的电子政务是电子商务发展的基础。企业的商务活动离不开政府有关部门的服务和管理。电子政务网站为企业电子商务活动提供服务。

第二节　电子商务网站的规划设计及技术

一、电子商务网站的规划与设计

电子商务网站的创建是一项系统工程，网站的建设者必须考虑和分析建立网站的目的、需求和要实现的功能，并考虑网站的整体规划和具体的开发步骤，才能开发出一个具有相当水准的专业电子商务网站。

企业建立电子商务网站的方式目前主要有两种：一种是自建；另一种是借助应用服务提供商提供的平台建立电子商务网站。

当企业建立自己的网站时，网站的规划与设计将贯穿于网站建设的全过程。电子商务网站的规划与设计工作包括：确立电子商务网站规划与设计的一般原则；依据企业的经营业务及建立网站的目的进行调研、分析和策划；对网站的形象、功能和面向的客户进行定位；对网站的信息结构、栏目设置、导航体系进行设计；最后制订出一套能充分体现企业形象和网站自身风格并能收到良好效益的网站建设方案。

(一) 电子商务网站规划设计的一般原则

无论是电子商务网站，还是其他类型的网站的成功，都取决于网站所遵循的基本原则。例如，成功的商业站点必须能够把站点的业务需求、互联网技术以及网站的美术设计很好地集成在一起。因此，一个电子商务网站的建立，既需要有懂得互联网技术的应用程序开发人员，也需要有公司的业务人员和专业美工的参与，离开任何一方，网站的建设都无从谈起。规划和设计一个成功的网站，应遵循以下几条基本原则。

(1) 明确建立网站的目标和用户需求。

网站是在互联网上宣传和反映企业形象及文化的重要窗口。因此，首先，必须明确设计网站的目的，尤其对于电子商务网站，明确自己建立网站的目的，将有助于网站的设计工作；其次，网站用户需求分析是非常关键的一个环节，只有明确谁是网站的用户和潜在用户，用户真正的需求是什么，兴趣何在，才能做到有的放矢；最后，只有让网站吸引目标用户并用所提供的信息留住他们，网站才可能取得成功。

(2) 总体设计方案主题鲜明。

在目标明确的基础上，完成网站的构思创意，即总体设计方案。要对网站的整体风格和特色进行定位，规划网站的组织结构，并要充分利用一切手段表现网站的个性和情趣，办出网站特色。要做到主题鲜明突出，力求简洁，要点明确，以简单、朴实的语言和画面体现站点的主题，吸引对本站点有需求的人的视线。

(3) 安全快速访问。

网页的传送速度是网站能否留住访问者的关键因素。如果 20～30 秒还不能打开一个网页，一般人就会失去耐心。快速访问的首要前提是有足够的带宽，如何在不增加成本的前提下，利用现有网络资源为用户提供更快的数据传输速率，已成为各设备制造商和服务提供商不断追求的目标。另外，要尽可能保证页面简单而明确，以确保页面传送的速度。

(4) 网站内容及时更新。

网站信息必须及时更新。一个好的企业网站，并不是一次性制作完美就可以了。由于企业的情况在不断变化，网站的内容也需要随之调整，给人常新的感觉，网站才会更加吸引访问者。在给访问者良好印象的同时，信息的及时更新也便于客户和合作伙伴及时地了解企业的详细状况，企业也可以及时得到相应的反馈信息，以便做出合理的处理。如果网站的访问者每次看到的网站内容都是一样的，那么他们日后还会来吗？每次更新的网页内容尽量要在主页中提示给访问者。由于网站内容的结构一般都是树形结构，所有文章都包含在各级板块或栏目里，因此，访问者并不知道更新了哪些内容，而让用户到板块或栏目中去查找，恐怕不是一个好的方法。所以，在这种情况下，一定要在首页中显示最近更新的网页目录，以便于访问者关注。

(5) "三次单击"原则。

网站设计中有一个非常著名的原则——"三次单击"，即访问者通过三次单击就可以找到相关信息。即使访问者找到的信息是不完全的信息，但至少他知道在三次单击内没有偏离正确的路径。因为网站如果层次太多，会使有价值的信息被埋在层层的链接之下。很少有访问者有足够的耐心去寻找它，通常他们会在三次单击之后放弃。当然，如果网站规模特别庞大，那么它的结构层次不会很浅。这种情况下，一方面，要尽量压缩网站的结构层次；另一方面，可以通过提供网站的结构图的方式来帮助访问者尽快找到所需要的信息。

(6) 网站的信息交互能力。

网站的交互性是网站成功的关键。大多数网站虽然内容组织充实、设计风格新颖，但都有一个共同点，那就是几乎每个主页的最下方都有一个相似的提示，即如有问题请发邮件到某某信箱，有的则是电话或传真。除此之外，再没有提供其他方式能让用户与网站沟通。企业不应把网站仅仅作为一个广告牌来使用，要重视网站的交互特性，挖掘出网站功能的广泛用途。

(二) 企业自建式电子商务网站的规划设计

1. 网站的功能定位

在进行网站功能的定位之前，首先应该进行深入的市场调研与分析。

1) 市场调研与分析

商务网站的功能定位源于对市场的调研和把握。所谓市场，一般是由人、购买力、购买习惯三个因素构成的。现代企业在生产某种产品或在提供某种服务之前，都会对当前市场和潜在市场、本地市场和外地市场做全面的调查、了解和分析研究，从而避免盲目性。电子商务网站在创建前也必须做市场调研。有关调研活动通常包括以下一些内容。

(1) 调查开展电子商务活动的经济环境、网络环境和政策环境。各地区经济发展的具体情况，信息化基础设施的完备程度，有关电子商务的政策法规，政府部门的支持程度等，都将对电子商务的成功开展产生重要的影响。

(2) 分析同类商品或服务的市场容量。了解市场对将要提供的商品或服务的最大需求量，并获知提供该类商品或服务的竞争者在市场中已占有的份额，然后再结合本企业的优势和劣势分析自己在竞争中可能占有的市场份额和地位。

(3) 分析不同人群的消费习惯和潜在市场，即分析不同消费者层次及他们的消费习惯，调查这些人是否经常上网等。据此制定不同的营销策略，以便为不同层次的消费者创建不同的网站栏目，提供个性化的服务。

(4) 分析不同地区的销售商机与潜在市场。这一分析主要是了解本企业的产品或服务在特定地域中可能扩展的程度，以及研究不同地区的消费水平及可能获得的利润水平，使本企业的产品和服务更具有竞争性。对于电子商务来讲，虽然网上销售除物流之外已不存在地域界线，但仍需要考虑本网站提供的商品和服务如何能够为不同地区的更多消费者所接受。

(5) 分析市场规模和发展趋势，即从不同途径收集大量资料并采用统计分析手段获得不同商品或服务的市场规模和发展趋势，观察消费者的消费动向并分析其原因，从而决定本企业电子商务活动的内容及商务网站的定位。

2）网站功能定位

明确建立网站的目的，根据市场调研的结果以及企业经营的需要和发展规划确定网站的类型、具体功能和所要达到的目标。一般来说，商务网站的建设目的都是宣传企业自身、树立企业形象、提高企业的知名度、及时发布相关信息、开拓市场和增加业务量，同时为客户提供全天候的产品和服务。据此目的，商务网站的具体功能定位通常可依据以下几点的考量和分析来进行。

(1) 研究营销与服务过程的哪些阶段适合在线经营。将已有的业务转向在线经营往往能够提高效率，但仍需要根据企业的能力和客户的具体情况而定。

(2) 确定网站提供的商品和服务主要定位于哪些客户群，以便重点了解这些人群的消费习惯，提供有针对性的产品和服务。

(3) 分析提供个性化服务的优点和缺点，确定是否提供个性化服务。

(4) 考量客户能接受的访问网站的平均响应时间，准备提供怎样的网络性能水平，期望达到多大的访问量。事实上，特殊活动、促销以及季节性活动都将造成客户访问量的猛增，并对网站满足客户需求和保持良好的信誉提出挑战。

(5) 分析哪些后端商务过程可以与前端商务过程集成。例如，应考察是否可将网站的前端电子货架与后端的库存管理有机结合，以及怎样将前台的客户订单与后台的送货服务结合处理等。

(6) 对于开展在线交易的网站还需考虑货款结算问题，决定是否提供电子支付功能，应该与哪家银行合作，以及如何解决安全支付与信用问题等。

(7) 考量网站功能的可扩展性与可维护性目标。

(8) 考察网站的安全性要求及其对策。应该有一个包含商业和技术风险在内的应变计划，该计划需要详细说明应对风险具体的解决和实施方案，以及主要负责人员的职责、权限和联系方式等。

2. 网站的技术解决方案

明确网站的功能定位后，即可根据当前信息技术发展状况和本企业的实际情况规划网站的软件、硬件平台和解决方案。这方面需要确定的问题包括：

(1) 确定网站需要多少个服务器，是否每一个服务器都由一台独立的计算机来承担，并确定这些计算机所需的性能。

(2) 确定网站的主机方案，决定采用自建网站方式，还是采用向 ISP 租用虚拟主机或采用主机托管方式。

(3) 若是采用自建网站的方式则需要确定网站接入 Internet 的方式和实施方案，并根据当前需要和将来的发展确定所要求的接入带宽。

（4）选择操作系统平台，采用 UNIX、Linux 还是 Windows Server 系列；分析各种系统所投入的成本，对应软件的兼容性、提供的功能、易开发的程度，及其稳定性、安全性和可维护性等指标。

（5）选定 Web 服务器软件和数据库系统软件。根据所选用的操作系统，确定与之相匹配的 Web 服务器软件、数据库服务器软件和 E-mail 服务器软件等。

（6）选定 Web 应用程序的开发工具，如 ASP.NET、JSP、Java 和 PHP 等语言工具、数据库应用开发软件和网页制作开发工具等。

（7）确定需要采取的网站安全措施，包括建立什么样的安全认证体系，如何防御黑客攻击，怎样防治病毒等。同时应制定网站硬件故障的应急措施。网站安全措施极为重要，停机和安全缺陷会对客户的信任度造成毁灭性的影响，所以电子商务的软件和硬件解决方案必须十分可靠，并且应该具有足够的冗余性和灵活性来应对紧急情况的发生。

3. 网站栏目规划

应该根据建立网站的目的和网站的形式来规划网站的具体栏目和各栏目的内容，以达到吸引访问者，为客户提供满意的服务并取得最大效益的目的。

对于一般的企业网站而言，其内容通常包括：企业简介、企业动态、产品介绍、服务内容、联系方式等基本内容。而对于开展在线交易的网站，其内容除了详细的商品和服务信息之外，还应包括会员注册、商品信息查询以及网上商品展示、购物车、结算付款、订单处理、客户送货方式选择与售后服务等功能。

1）网站栏目规划要点

一般来说，相关的栏目规划要点如下。

（1）根据网站的内容和所提供的服务，按不同主题和层次将其分为不同的栏目。网站的主要内容一定要放置在首页或一级、二级栏目中。

（2）对各个栏目做更细致的规划，设定每个栏目的名称、所包含页面的数量和内容，以及各栏目之间的逻辑结构等。

（3）设置主页的超级链接和搜索引擎。将网站的栏目分层设置，可使网站的内容结构关系清晰和有条理，但也会使有些较为重要的内容陷入太深的层次而不易被访问到。为此，可使用超级链接来打破单一的线性结构，使网站内容呈网状结构，从而使访问者能够方便地从一个栏目直接切换到另一个栏目。如果网站的内容庞杂、层次较多，就应将最重要的内容链接到首页，并最好设置网站内容搜索引擎，以帮助访问者方便、快速地找到所需信息。

（4）设定网站与客户的双向交流栏目。这些栏目包括留言板、论坛、邮件列表等，从而使访问者有机会发表他们的意见和参与网站的活动。Internet 最大的优势之一就是可跨时空为人们提供相互沟通的平台。对于商务网站来说，留言板和论坛能够留下客户的意见和建议，及时反映消费倾向和市场动态，帮助网站和企业改进经营和服务；而邮件列表功能则可以方便地将网站要通告客户的信息通过电子邮件分发到在该列表中登记的每一个客户。

(5) 设置信息下载和咨询服务栏目。一个商务网站必然具有与所提供的商品和服务相关的大量信息资料。某些客户可能不愿意一页页地在线浏览，而希望能将有关的资料一次性地下载到自己的电脑里，以便详细阅读研究，为此不妨设置一个可供下载资料的栏目，这样既方便了这些客户，同时也减轻了售后服务人员的负担，并为扩大市场份额创造了条件。此外，可以设置一个提供咨询服务的栏目，集中回答客户所关心的问题。设置这样的栏目不仅可以更好地为客户服务，也可以及时获得有价值的反馈信息。

(6) 以方便客户的访问为中心。客户访问网站所要求的是方便、快速、正确地得到所需的信息和服务，而不会去关心站点本身的结构。因此，规划栏目的出发点应该是更好地帮助客户导航，满足他们的各种需求。适宜的栏目划分是一个站点成功的关键。如果一个网站提供了相当多的信息内容和服务，但其逻辑结构不合理，这些信息和服务的作用就会大打折扣。如果客户不能很容易地发现所需信息，网站就失去了它的有效性。所以规划站点栏目和内容时，应从客户的立场出发，尝试登录站点，并在站点中游走，努力完成各种任务，看其是否做到了方便、友好与快捷。

2) 网站文件结构

合理的结构设计对于网站的规划也是至关重要的，下面介绍几种常用的逻辑结构类型。

(1) 分级结构。这一结构类似于目录系统的树形结构，由网站文件的主页开始，依次划分为一级标题、二级标题等，逐级细化，直至提供给浏览者具体信息。在分级结构中，主页是对整个网站文件的概括和归纳，同时也提供了与下一级的链接。分级结构具有很强的层次性。

(2) 线性结构。这种结构类似于数据结构中的线性表，用于组织线性顺序形式存在的信息，可以引导浏览者按部就班地浏览整个网站文件。

(3) Web 结构。这一结构类似于 Internet 的组成结构，各网页之间形成网状连接，允许用户随意浏览。

事实上，通常网站文件的结构是分级结构和线性结构相结合的，这样可以充分利用两种结构各自的优点，使网站文件既具有条理性、规范性，又可同时满足设计者和浏览者的要求。在实际设计中，应该根据需要选择或结合使用网站文件的结构类型。

4. 网站导航设计

人们在访问某个站点时，经常会因为跳转过多的页面和浏览过多的信息而迷失方向。所以，对于网站设计者来说，设计一个良好的网站导航系统是非常有必要的，它能够帮助访问者快速找到所需的信息。

站点的导航方式无外乎两种：并列方式和层次方式。在并列式导航系统中，所有的导航标志都处于同一个层次，分别用来指向各自的栏目。此种方式通常应用在站点的首页。而在层次式导航系统中，则采用专门的导航条精确地描述各导航内容的层次关系及其位置。

另外还有一种称为"热点导航"的方式，是在并列式和层次式导航基础上扩展形成的。通常，每个站点都有相当丰富的信息，不同的人会对不同的信息感兴趣，但在某一时期内大多数人感兴趣的问题很可能会集中在当前的若干个热点上，而站点提供的这些热点信息却可能处于不同栏目的不同层次中，且这些信息之间并不存在必然的联系。此时，就可采用"热点导航"方式，即将这些热点信息的链接并列地放置在站点的主页上，形成一个"热点导航"条，以方便访问者快速查看到此类热点问题的具体信息。

站点中的各种导航标志总是以链接的方式出现，因而实现站点导航的方法就是将有关信息与放置在适当地方的对应导航标志链接起来。通常情况下，都是以文字链接和图片链接作为导航标志。除了这两种基本链接之外，目前还有许多的网页设计技术可以实现链接，如Flash动画和Java Applet等。导航标志可以出现在页面中的任何一个位置，并没有特别规定，完全取决于站点设计者的品位与要求。然而，为了照顾人们从上到下、从左到右的阅读习惯，大多数站点都会将导航条布置在页面的上方或者左边。

5. 网站布局设计

就像设计报纸和杂志的版面一样，网站的各个页面也需要有一个好的版面布局设计。事实上，网页布局设计的重要性完全不亚于报纸和杂志的版面设计。网页布局设计包括页面框架设计、网页布局技术等。

1) 页面框架设计

页面框架设计实际上就是怎样划分页面显示区域的问题，这是网页布局设计中首先要解决的问题。一般来说，页面的框架结构主要有以下几种形式。

(1) 左右型结构。左右型框架结构是将页面显示区域划分为左面和右面两块。其中一块所占面积较大，通常用来放置页面的主要内容，另一块则用来放置站点内容的索引。

(2) 上下型结构。上下型框架结构是将页面显示区域划分为上面和下面两块。与左右型结构类似，其中较大的一块通常用来放置页面的主要内容，另一块则用来放置站点内容的索引。

(3) 复合型结构。这是上下型和左右型结构的结合。大多数商务网站由于其信息量巨大，都会采用复合型的框架结构，以便在有限的页面空间内安排更丰富的内容。

2) 网页布局技术

一般来说，有三种技术可以实现网页的结构布局，分别为帧布局技术、表格布局技术和层布局技术。

(1) 帧布局。

这里所说的帧对应于HTML文档中的一个Frame元素。帧布局就是将页面分成互不重叠的几个部分，每个部分称为一帧并对应于一个独立的网页。

采用帧布局最大的好处在于可以随意调整各个帧在页面中所占的比例，并且在显示网页时，拖动一个帧的滚动条只会滚动该帧画面的内容而不会影响其他帧。但是帧布局也有一个缺点，就是当某帧的内容超过该帧显示的范围时，就会自动出现滚动条，这在许多情况下将会破坏整个页面的美观。

（2）表格布局。

这里所说的表格对应于 HTML 文档中的一个 Table 元素。表格布局是最常用的页面布局技术，目前大多数网页都采用表格作为其基础布局技术。

表格布局的最大好处在于可以根据需要将整个页面分隔成任意数量和任意大小的单元格，并且可以在单元格内嵌入任何网页对象。而且当对每个单元格的对象进行单独操作时，都不会影响其他单元格中的对象。与帧布局相比，表格布局技术也是将页面划分为多个不同的区域，但各区域不会像帧布局一样出现滚动条。

（3）层布局。

层布局的最大优点是将页面的布局从平面空间扩展到立体空间。采用层布局技术可以将一个页面看作是由多个层面重叠而成的，各个层面不仅允许以像素为单位精确地定位其在整个空间中的位置，而且可以通过一定的设置来控制某一层是否显示以及层与层之间的叠放次序。

6. 网站 CI 设计

CI 设计即企业形象设计。商务网站的 CI 设计则是指通过网站的网页视觉来展示企业形象的设计。商务网站也需要整体形象的包装和设计，有创意的 CI 设计将使网站的形象有相当程度的提升，并对商务网站的宣传推广起到事半功倍的效果。国内很多浏览者对网站的首页美观度要求较高，因此更应注重网站 CI 设计。网站的 CI 设计主要可以从以下几个方面着手。

（1）设计一个网站标志。

网站的标志又称为 Logo。如同产品的商标一样，Logo 是网站特色和内涵的集中体现，要使网民看见这个 Logo 就能想起这个网站。Logo 的设计创意来自商务网站的名称和内容。

（2）设计标准色彩方案。

确定网站的标准色彩方案也是网站 CI 设计相当重要的一步。不同的色彩搭配可以产生不同的视觉效果，体现网站的不同风格，并能影响到访问者的情绪。一个网站的标准色彩是指能体现该网站形象和延伸其内涵的色彩。

（3）设计标准字体方案。

网站的标准字体方案是指用于网页标志、标题和主菜单的特有字体。标准字体方案和标准色彩方案对于网站形象同样重要。一般网页的默认字体是宋体。为了体现网站与众不同的风格，可以根据需要选择一些特别的字体。

（4）设计宣传语。

设计宣传语即用一句话甚至一个词来高度概括企业和网站的精神和目标，宣传语也是企业和网站的宣传标语或广告语。

7. 网站开发计划

在开发网站时，一项重要的任务就是制订一个可行的开发计划，并规划一个较为细致的项目开发日程安排表。考虑到可能遇到的各种意外情况，制订开发计划时应在时间、人员、资金等方面注意留有一定的余地。一般来说，网站开发计划应包括以下几项内容：

(1) 项目的性质与总体目标。

(2) 开发工具与开发方法。

(3) 开发成本与维护成本的估算，资源利用计划。

(4) 项目任务的分解与相应的人员配备。

(5) 各项任务的具体内容、责任人及规定完成的时间。

(6) 各分项目的开发顺序和相互协调。

(7) 有关开发人员定期交流和讨论的安排。

(8) 对各个阶段成果检测、联调和验收的计划安排。

(9) 项目质量管理计划和风险管理计划。

(三) 企业借助于应用服务提供商平台建设电子商务网站的规划与设计

1. 网站类型的定位

企业开展电子商务需要投入很多的财力、物力与人力，甚至要对企业的组织结构与经营管理模式进行变革与重新设计，并需要将传统的业务流程进行重组，从而应用到新的电子商务架构当中。因此，如果网站没有明确的定位，可能不但各种投入得不到回报，而且会错失在网络空间发展的机会。

(1) 宣传与推广。

宣传与推广是电子商务发展初始阶段的主要目的之一，也是企业建立网站的基本目标。通过 Internet 可以达到宣传企业形象，提高知名度，展示企业的产品及服务，挖掘更多的商业机会，发布企业的最新动态和经营状况，扩大销售渠道等广告宣传目的。

(2) 交流与沟通。

交流与沟通是企业建立网站、利用网络功能和网络信息资源的又一个基本目标。互联网能够帮助企业加强与客户的沟通，并建立起一种更密切的实时互动交流的关系；互联网可以使企业与供应商、经销商、中介机构、运输商等合作伙伴建立更加便捷的交流渠道；互联网能够使企业快捷而方便地获取世界范围内的信息资源。

(3) 提供在线信息咨询和技术支持。

利用网络实时互动、迅速反馈的功能，企业可以在线对客户提供产品售前、售中和售后服务的信息咨询和技术支持，以及在线预订等服务，不仅提高了服务效率，也降低了服务成本。

(4) 实现网上的商务交易。

在网上开展电子商务，进行产品交易，其内容包括接受客户选购商品的订单，实现网上原材料的采购，实现网上的支付、结算和物流配送。

(5) 提高企业内部业务流程的信息化水平。

通过网上虚拟商店或者虚拟企业的运行和网上交易的实现,可以促进企业内部业务流程信息化水平的提高。如面向企业内部建立销售信息网络,提高销售业绩及管理水平等。

2. 应用服务提供商(ASP)的选择

ASP 是 Application Service Provider 的英文缩写,意即应用服务提供商。随着企业自身业务的不断发展以及核心业务能力的增强,越来越多的企业希望把作为其业务支撑平台的网络系统的维护和管理工作交给专业的公司统一管理,以降低企业的运营成本,因而提供此种服务的 ASP 便应运而生。

企业选择应用服务提供商一般应从以下几个方面进行考虑。

(1) ASP 能够提供本企业所需要的应用系统。

一般来说,一些通用电子商务网站应用程序对于各个企业都是适用的,但也普遍存在着企业在某些方面有个性化需求的情况,因此需要 ASP 在通用系统的基础上做一些修改以满足企业的需求。

(2) ASP 的网络通信能力。

ASP 可以通过多种方式传输数据,如 Internet、VPN,也可以使用无线上网的方式。无论 ASP 采取何种通信方式,最重要的是要保证电子商务网站的实时反应能力。ASP 应该保证企业可以随时增加用户;而且当网络用户突然大量增加时,ASP 应有能力保证每个用户的正常操作。

(3) ASP 在保证数据安全方面的能力。

① 在硬件方面,有实力的 ASP 拥有自己的数据处理中心,而不是将数据中心外包给另外的外包服务商。通常前者比后者具有更高的安全性。在数据存放的硬件问题上,就连 ASP 的机房里是否配置了灭火器这样的问题也不应忽视。

② 在数据的存放方面,ASP 是否提供必要的数据冗余和灾难保护措施,是否经常备份数据等,这是企业必须考察的问题。ASP 应有能力应对突发事件以保证数据不被丢失和破坏。

③ 在保证数据的安全方面,ASP 应具有完善的安全保护措施,诸如安装先进的防火墙软件,对数据进行加密,对用户进行严格的授权管理,对员工制定严格的工作制度等,以保证客户企业数据不被窃取和泄露。

(4) ASP 所提供服务的完善性。

服务的完善性包括 ASP 是否愿意为客户企业提供必要的技术支持,是否愿意根据企业的需要随时完善应用程序系统,是否能保证对应用系统进行高效的维护,是否能及时对应用系统进行升级,以及在系统升级时保证不影响客户企业使用等。

(5) ASP 的市场覆盖范围。

企业最好选择一些能在很大范围内提供应用服务的 ASP,如一些几乎能在全球范围内提供 ASP 外包服务的跨国公司,如阿里巴巴。这不仅是因为一般大公司信誉良好、技术力量雄厚、管理先进,还因为当企业发展壮大而广设分支机构时,无论在哪里仍可以选择合作过的 ASP。一般而言，选择有合作伙伴关系的 ASP 可以使企业在下次合作时更顺利。当然，这些跨国公司的服务收费也会比较高，对于一些尚无开设海外分支机构计划的中小企业来说，这一条并非必选项。

3. 网站的栏目规划

电子商务网站的栏目规划方法同企业自建网站的栏目规划方法相似，唯一不同的是，一旦该类企业选择相应的应用服务提供商后，该应用服务提供商会提供给该企业一个建立有相应栏目的统一的电子商务网站模板，企业可以采用该模板提供的栏目收集和整理资料。

二、构建电子商务网站的相关技术

随着电子商务应用的日渐广泛和成熟，基于电子商务网站的应用和技术开发也越来越盛行。企业可以通过各种方式来建立自己的电子商务网站。但无论以何种方式建设网站，所建的网站都不仅要对本企业起到适用、够用、好用的效果，还要方便日后的维护。

(一) 电子商务网站的程序开发技术

IT 技术的发展促进了许多网页开发技术的产生，如第一代 Web 开发语言 HTML、第二代 Web 开发语言 XML、动态脚本语言 Java Script 和 VB Script 以及 ASP、ASP.NET、PHP、JSP 等服务器端的 Web 动态编程语言，网页开发技术层出不穷。

1. HTML 语言

目前 Web 上的绝大多数文件都是用 HTML(超文本标记语言)来编写的。HTML 语言是网页制作的基础，是网页开发最基本的语言。

HTML 通过一些标记来定义文档内容以什么样的形式显示在浏览器上，它只描述了浏览器应当如何在页面上布置文字、图形和按钮，并没有对最为重要的信息本身的含义进行描述。作为一种简单的描述性语言，它只能显示内容而无法表达数据内容，而这一点恰恰就是智能搜索引擎和电子商务所必需的。

2. DHTML 语言

制作网页的人都想让网页"精美动人"，靠添加精美的图片确实有一些效果，但在传输和下载过程中会使访问者因传输速率太慢而失去耐心，而 DHTML 则能做出很好的动态网页。

3. ASP 语言

ASP 是 Microsoft 公司推出的一套服务器端脚本开发工具和运行环境，可用来建立和执行动态的交互式 Web 服务器应用程序。有了 ASP 就不必担心客户端的浏览器能否运行所编写的代码，因为所有的程序都将在服务器端执行。当程序执行完毕后，服务器仅将所执行的结果返回给客户端的浏览器，这样就减轻了客户端浏览器的负担，极大地提高了

Web 交互的速度。

4. PHP 语言

PHP 是一种开放式的、能够创建动态 Web 页的服务器端脚本语言，PHP 的语法与 C/C++、Java、Perl 很相似，但它执行动态网页的速度比 CGI 或者 Perl 更快。

5. JSP 语言

JSP 是由 Sun Microsystems 公司倡导的、许多公司一起参与建立的一种动态网页技术标准，其在动态网页的创建中有强大而特殊的功能。

JSP 是 Java 平台上用于编写包含诸如 HTML、DHTML，XHTML 和 XML 等含有动态生成内容的 Web 页面的应用程序的技术。JSP 技术功能强大，使用灵活，为创建显示动态 Web 内容的页面提供了一个便捷而快速的方法。JSP 技术的设计目的是使构造基于 Web 的应用程序更加容易和快捷，而这些应用程序能够与各种 Web 服务器、Web 应用服务器、浏览器和开发工具共同工作。

(二) 电子商务网站的 Web 数据库技术

Web 数据库是 Web 技术和数据库技术相结合的产物。网上订货、在线交易等电子商务平台都需要以 Web 数据库作为其基石。随着 Internet 技术和应用的深入发展，Web 数据库的开发与应用将越来越彰显其重要性。

1. Web 数据库概述

数据库技术是管理大量数据的有效方法，其优势在于可将庞大而复杂的信息以合理的结构组织起来，便于处理和查询。数据库管理系统软件在数据结构和算法等方面均采取了多种技术以提高数据的处理能力和查询速度，同时为数据的访问控制和安全保护提供了强有力的支持。

所谓 Web 数据库管理系统，是指基于 Web 模式的 DBMS 的信息服务。它充分发挥 DBMS 高效的数据存储和管理能力，以 Web 这种浏览器/服务器(B/S)模式为平台，将客户端融入统一的 Web 浏览器，为 Internet 用户提供使用简便、内容丰富的服务。Web 数据库管理系统必将成为 Internet 的核心服务之一，为 Internet 上的电子商务提供技术支持。

1) 通过 Web 访问数据库的优点

数据库应用的一个重要方面就是对数据的访问，但是许多数据库系统目前提供的访问方式，或是一个字符方式的查询界面，或是编程方式的实现，无论哪种方式都较难使用。

与传统方式相比，通过 Web 访问数据库有以下优点：

(1) 借用现成的浏览器软件，无须开发数据库前端。如果能够通过 Web 来访问数据库，就不需要开发客户端的程序，使用的数据库应用都可以通过浏览器来实现，界面统一，也减少了培训费用，能使广大用户很方便地访问数据库信息。

(2) 标准统一，开发过程简单。HTML 是 Web 信息的组织方式，是一种国际标准，开发者甚至只需学习 HTML 一种语言，而使用者也只需学习一种界面——浏览器界面。

(3) 交叉平台支持。几乎在各种操作系统上都有现成的浏览器可供使用，为一个 Web 服务器书写的 HTML 文档，可以被所有平台的浏览器所浏览，实现了跨平台操作。

2) Web 数据库的发展趋势

电子商务是以 Web 网络技术和数据库技术为支撑的，其中 Web 数据库技术是电子商务的核心技术。

(1) 非结构化数据库。在信息社会，信息可以划分为两大类：一类信息能够用数据或统一的结构加以表示，称为结构化数据，如数字、符号；另一类信息无法用数字或统一的结构表示，如文本、图像、声音、网页等，称为非结构化数据。结构化数据属于非结构化数据，是非结构化数据的特例。

所谓非结构化数据库，是指数据库中的记录长度可变，由若干不可重复和可重复的字段组成，而每个字段又可由若干不可重复和可重复的子字段组成。简单来说，非结构化数据库就是字段可变的数据库。

(2) 异构数据库系统。由于历史等原因，Internet 上的数据库系统不少是分布、异构的。Internet 上的大量信息必须通过数据库系统才能有效管理，那么在 Internet 分布式海量信息情况下如何建立合理高效的海量数据库，成为亟待解决的问题。针对目前关系型数据库占据了绝大多数市场的情况，要实现网络环境下的海量信息共享，就必须联合各个异构数据库，使数据库之间能够通过主动式的超文本链接，实现相互连接，使得交叉引用的数据可以被很容易地检索到。

相互关联的数据库可以很容易地被归纳在一起，创建一个单一的虚拟数据库，也称为异构数据库系统。异构数据库系统是相关的多个数据库系统的集合，可以实现数据的共享和透明访问。每个数据库系统在加入异构数据库系统之前本身就已存在，拥有自己的 DBMS。它的异构性主要体现在以下几个方面：计算机体系结构的异构；基础操作系统的异构；DBMS 本身的异构。它的目标在于实现不同数据库之间的数据信息资源、硬件设备资源以及人力资源的合并和共享。

2. ODBC 数据库连接技术

ODBC 是 Microsoft 倡导的数据库服务器连接标准，它向访问 Web 数据库的应用程序提供了一种通用的接口。在其支持下，一个应用程序可以通过一组通用的代码实现对各种不同数据库管理系统的访问。通过 ODBC 访问数据库的方式是基于 SQL 的，各种应用程序通过不同的 ODBC 驱动程序可以实现利用 SQL 语言对不同数据库系统的访问。

采用 ODBC 的最大好处是应用程序可以采用任何一种支持 ODBC 的工具软件独立开发，而不受所访问的数据库管理系统的约束。

3. ADO 数据库访问技术

ADO 是 ASP 内置的、用于访问 Web 数据库的 ActiveX 服务器组件。应用程序开发者可以将它与 ASP 结合起来，编写提供后台数据库信息的动态网页，并在客户浏览器端实现对 Web 数据库的查询、插入、更新和删除数据的操作。

第三节　电子商务网站的推广与管理

一、网站的主机选择方案

作为一个商务网站，至少应该有一台与 Internet 连接的主机用以存放网页信息和数据库信息等。对于网站必备的主机选择，目前有以下几种解决方案。

(一) 自建网站方式

如果企业规模较大、资金充足、技术条件允许，并且有大量的信息需要和外界交流，则应该自己购置软硬件设备，创建一个独立的网站。这样不仅使用方便，也可以将企业内部网络与互联网相连接，使企业内部管理的数据和外界的信息高度整合化，从而大大提升企业的形象和效益。在自建的网站中可以配置各种类型的服务器，包括 Web 服务器、DNS 服务器、E-mail 服务器、数据库服务器等，使企业的综合管理水平上升到更高的层次。

1. 自建网站的优势

自建网站的优势主要表现在以下几个方面：

(1) 易于采用新技术，便于扩充和升级。

(2) 对网站内容有完全的控制权，易于经常更新内容。

(3) 拥有自己的网站管理员，对网站的安全性有更多的控制能力。

(4) 可作为企业内部的网络，提供到大型数据库的直接链接。

2. 自建网站的不足

自建网站的不足之处主要表现在以下几个方面：

(1) 投入较大，费用较高，机房环境和管理难以达到较高的标准。

(2) 需要更多的创建网站时间。

(3) 需要全天候的系统管理。

(4) 需要专门的网站管理员及相关技术人员。

(5) 需要向电信部门支付通信费用。

3. 自建网站的问题

自建网站需要重点考虑的问题包括：网站规模的确定，各种服务器和网络设备的选型、配置及管理，操作系统、Web 服务器软件和数据库管理软件的选择，接入互联网方式的选择以及网站的安全策略等。

(二) 虚拟主机方式

虚拟主机是指通过相应的软件，将一台主机的硬盘存储空间划分成相对独立的若干个存储目录。从用户角度来看，每一个存储目录看起来就好像是一台独立的主机，只要硬盘空间允许，就可以划分为相当多的目录。因此，某台计算机能拥有虚拟主机的个数，从理论上讲只受硬盘空间大小的限制。每一台虚拟主机都有自己独立的域名或 IP 地址，并且可以和相应的软件结合被配置成 Web 服务器、FTP 服务器或 E-mail 服务器。

用户在访问这样的服务器时，无法感知是在和其他人同时共享一台主机系统的资源，就好像各自都拥有独立的服务器一样，具有完备的互联网服务功能。虚拟主机之间完全独立，并可由租用者自行管理。租用者可以通过远程控制技术控制所租用的硬盘空间，完成信息的下载、上传及相关应用功能的配置等活动；而整个系统的维护则由虚拟主机的提供者承担。

虚拟主机技术的出现，实现了多台逻辑主机共享一台物理主机的资源，每个虚拟主机的租用者所承受的硬件费用和软件费用、人员费用和系统维护费用，以及通信费用等都会大大地降低。一般情况下，虚拟主机提供者能够提供良好的软硬件资源、畅通的通信线路以及对系统较好的维护与管理等，所以虚拟主机方式的性价比远高于自建网站方式。然而虚拟主机方式一般不能支持较大的访问量，因而只适合于搭建中小企业的网站。

选择一家好的虚拟主机提供商是很重要的，它不仅能保证租用者服务器的安全、稳定、快速，还有过硬的技术人员来提供技术保障。在选择虚拟主机服务时，应强调"三看"原则。

1. 看速度

选择虚拟主机提供商首先要看速度。影响速度的因素主要是出口带宽、线路的通畅性和服务器配置。线路的通畅性受当地 ISP、服务器的存放位置及每台服务器的用户分布决定。同样配置的服务器，用户占有的系统资源越少，速度就会越快。此外，服务器本身的配置对线路速度也有一定的影响。实际上，衡量速度快慢的最好办法是试一试、比一比，现在一般虚拟主机提供商都提供免费试用服务。

2. 看服务

选择虚拟主机提供商还要看其提供的服务质量。服务质量与虚拟主机提供商提供的服务器的稳定性有很大的关系，稳定性差，根本无法谈及服务。在稳定性相差不多的情况下，服务不好也会给企业及网络管理员带来无限多的麻烦。用户衡量虚拟主机提供商服务的好坏，可从以下几个方面入手。

(1) 电话支持系统：是否能提供 24 小时技术、服务及业务支持。
(2) 网络支持系统：在线技术支持、电子信箱服务是否完备。
(3) 客户服务中心：是否有较完善的客户服务网络。
(4) 用户培训系统：是否可及时向用户提供培训服务。
(5) 用户数据库管理：是否有较完备的用户数据库管理系统，是否能对用户的信息保密。
(6) 服务体系保证：是否有较严格的服务保证体系或服务监督部门来监测服务实施。

3. 看价格

选择虚拟机提供商还要看其价格。用户要综合考虑企业目前的承受能力、企业网站的用途及发展方向等，从而选择不同级别的服务器。

价格一般包含以下几个部分：域名注册费、空间租用费、网页设计费、网站推广费及其他更高级的服务费。有的厂商还要收取域名注册服务费、域名解析费、服务器设置费等。在选择虚拟主机提供商时一定要搞清楚。"一分价钱一分货"，价格不同其网络速度和享受的服务也会不同；但同样的付出，选择不同的虚拟主机提供商，其收益肯定也会不同。

(三) 主机托管方式

主机托管是指用户在专门的 ISP(互联网服务提供商)处租用或者放置自己的一台或多台计算机，由 ISP 负责计算机与互联网的全天候实时相连，然后通过远程控制将这些计算机配置成各种服务器，从而建立起企业自己的网站系统。

在主机托管方式下，用户须向提供此项服务的 ISP 支付一定的费用。主机托管的技术基础和所依赖的主要手段是用户与服务器之间的远程控制机制，即只要用户能上网就可对远端所托管的服务器进行控制，从而实现对远端服务器的管理与维护。

经营主机托管业务的 ISP 负责为用户提供优越的机房环境，包括机架空间、恒温环境、网络安全保护、UPS 供电以及消防安全等，并确保与互联网连接畅通。而企业自己则需要负责主机内部的系统维护与网站信息的更新等。由于主机一般是直接连接到 ISP 的主干网上，所以对企业用户来讲，此种方式不但可以节省大量的初期投资以及日常的维护费用，而且网站的速度更快。此外，与虚拟主机方式相比，本方式将使用户具有更大的使用空间和更高的管理权限。

主机托管比较适合于一般的企业电子商务活动，这些活动的网站访问率高但安全性要求相对较低，例如，利用网站树立企业形象、宣传产品、提供技术咨询和售后服务等。对于一些涉及企业机密的活动，除非与主机托管经营者有严格的协议规定，否则在安全保密性方面将是一个突出的问题。

二、网站的推广

网站的推广，通俗来讲就是给网站做广告，让更多的人知道这个网站。虽然人人都知道网站一定要内容好，但内容好的网站却并不一定是人人都知道的。"酒香不怕巷子深"这种想法是万万要不得的。在互联网世界中有成千上万亿网页，发布于几百万个域中。而其中最有名的 10% 的网站吸纳了大约 90% 的用户。在这种情形之下，电子商务网站要实际运营起来，必须要对网站本身进行推广。

网站宣传推广的方式可以分为传统媒体的宣传推广、网络特有的宣传推广及其他网络推广方式三类。

(一) 传统媒体的宣传推广方式

传统媒体是指用传统的、并非通过现代通信工具来进行传播的媒体。总的来说，有以阅读为主、以听觉为主和看听结合三种。其中第一种又称平面媒体，包括报纸、杂志、画册、展览、户外海报、路牌、车体广告等；第二种主要指广播电台；第三种则以电视为主。

(二) 网络特有的宣传推广方式——搜索引擎注册

当人们需要在互联网上查找资料时，一般使用搜索引擎来进行查询检索。事实上，任何人只要知道自己想要什么，都可以通过搜索引擎找到所需要的资料。如果把自己的网站在各大著名搜索引擎上进行登记注册，就能得到宣传推广的效果。

搜索引擎专门用于搜索，是提供给广大网民使用的一种功能，专用于查找自己所需信息所在网站的网址。要想借助搜索引擎推广网站，前提条件是要把网站在搜索引擎上登记，即把网站地址以及内容的相关信息记录进搜索引擎的数据库中，以方便搜索引擎查找。

全球有上千个搜索引擎，登记一个搜索引擎大约需要 5 分钟，在 1000 个搜索引擎上登记要花 83 小时。如果每天工作 8 小时，则需要 10 个工作日。如果网站有 40 个网页，则需要 400 个工作日来完成。所以没有必要在全球上千个搜索引擎上登记，因为对网站的访问中有 80% 来自全球 10 多个主要的搜索引擎。因此，在主要搜索引擎上注册。

(三) 其他网络推广方式

如果企业从事的是高科技产业，尤其是信息产业，那么直接在互联网上推广其业务将收到事半功倍的效果。网络推广这一方式最吸引人之处就在于它极大地降低了信息发布与获得的成本，而且网络推广的辐射面更广。

在网络上推广就是通过网络渠道进行宣传，具体方法很多，主要有以下几种。

1. 网络广告宣传

为了提高网站的知名度，可以选择一些访问量较高或与本企业网站内容相近的网站，交付一定费用，做必要的网络广告宣传，这也是提高企业网站知名度的一条捷径。

网络广告投放需要花钱，如何把钱花在最适当之处，首先要明确自己的需求，是要提高知名度还是提高流量。如果想获得知名度，那么就付费到有知名度的网站投放网络广告，但这些网站的广告价格都比较高；如果只是为了流量，那么可以选择名气不大，但流量大的网站。

此外，对于一个商务网站来说，客流的质量和客流的流量一样重要。高质量的客流很重要，广告投放一定要有目标性。此类广告投放要选择的媒体很有讲究，首先要了解自己的潜在客户是哪类人群，他们有什么习惯；然后寻找他们出没频率比较高的网站进行广告投放。这样也许价格会高些，但是带来的客户质量比较高，因而带来的收益也会比较高。

2. 活动宣传

对某项活动举行在线大奖赛活动宣传也是一种很好的宣传方式。不过并不是随意的宣传活动都能够有效果，想有很好的效果，就必须有很好的策划。

宣传推广的手段很多，通常主要通过网站访问统计来评价网站宣传推广的效果。网站访问统计分析包括以下几个方面。

(1) 网站被找到的方法，即访问者是通过外部链接、搜索引擎还是书签链接找到站点的。

(2) 访问者的信息，如 IP 地址、操作系统类型、浏览器类型、访问了哪些页面、停留了多长时间等。

(3) 被访问页面的信息，包括每一个页面被访问的次数、时间等。

(4) 统计信息，如每天、每周、每月、每年的访问信息。通过这些信息，可以详尽了解网站被访问的具体情况。

通过网站访问分析系统，可以准确把握指定网页的访问量，可以找出访问次数最多、最受欢迎的网页和访问次数最少、效果最差的网页，作为今后调整决策和维护网站的依据。

三、网站的管理

管理学第一原理告诉我们："有效管理源于有效监测。"而今，随着互联网的高速发展与网络应用的极大丰富，人们花费在其上的管理时间也越来越多。政府和企业信息化正深入到每一个单位，包括公司内部 IT 架构体系的建立、WWW 服务的推出等；更高的阶段则是每一项业务和应用的电子化和信息化。现在，人们对互联网的依赖越来越大，对互联网的服务质量要求也越来越高。如何保证网站性能的高效和稳定，从而吸引更多的客户，成为互联网站越来越关心的问题。

电子商务网站真正意义上是一种动态的网站，交互性很强，而且其运作具有延续性的特点。这和普通的基础设施投入是完全不同的，它取得的利润和效益来自科学的管理，而不是硬件设备本身。所以，电子商务网站建成后，必须有相应的管理制度和专门的维护人员。

有的网络管理员认为，自己的工作职责就是保证服务器的正常工作，服务是可用的，别人可以正常地访问公司的网页；而对于到底有多少个用户正在访问网站，甚至防火墙内部现在有多少台机器在网上，却不是很清楚。这种网络管理还只是停留在保证网络联通、服务可用的层次上，不科学的维护无形中会丧失无数的客户。所以，在一个由网络支撑的业务系统中，仅仅保证网络联通是远远不够的。可见，网络管理的重要性不应该被忽视。网站是企业的对外窗口，它应该为企业的发展发挥应有的作用。此外，为网站设置专门管理员的必要性及网站管理员的职责权限问题也应受到重视。

(一) 设置网站管理员

电子商务网站建成以后，一定要设置网站管理员。这里的网站管理员包括所有的技术人员和网页日常维护人员。网站是企业虚拟的办公地点，所以应当有人看管，网站管理员就是监守网站这个虚拟办公室的人员，他是企业的客户和合作伙伴等一切网站来客的联络人，同时又肩负着这个虚拟办公室的日常运行及维护的重任。由此可见网站管理员是很重要的。

电子商务网站管理员需要具备的素质包括两个方面：一是网站管理员的技能要求；二是网站管理员的道德要求。

(二) 网站管理员的工作

1. 更新与检查网站内容

一个成功的电子商务网站要保证页面的链接正确，站点的内容经常更新，这样才会吸引更多的浏览者，壮大自己的客户群。试想如果一个电子商务网站内容干巴巴，页面从不更新，甚至链接断层、界面凌乱、文件丢失，一派衰落景象的话，那么只会使辛辛苦苦建立的网站变成访问者眼中的垃圾。反复访问企业网站的访问者，必然对企业怀有兴趣，是企业的潜在客户，能否成为企业的业务对象，就在于网站能否为这些潜在的客户提供必要的服务。在这种情况下，一个不稳定的网站对于企业的业务系统来说是致命的。一个因网络不通而被拒绝访问的客户，首先看到的是这个企业的服务质量，而不仅仅是网络质量。如果一个网站中的内容一成不变，链接又时常打不开，这样不但会失去潜在的客户，就连已有的客户也会失去，所以更新与检查网站内容尤为重要。

(1) 维护新闻栏目。

新闻栏目是企业与外界联系的窗口，由专人专门维护新闻栏目是很有必要的。一方面要把企业动态反映在里面，让访问者了解企业的发展情况；另一方面，要在互联网上收集业界动态等相关资料，放置到网站上，吸引同类用户。

(2) 维护商品信息。

企业的商品信息是企业网站中必不可少的部分。随着企业商品条件的变化，商品的信息也应不断变化。电子商务网站要派专人负责商品信息的维护。其中包括删除过时的商品信息，添加新的商品信息，编辑现有的商品信息等。

(3) 时常检查相关链接。

为保证网站中的链接通畅，要经常通过测试软件对网站所有的网页链接进行测试，看是否能连通，发现问题并及时处理。尤其是网站导航栏目容易出问题，可以在网页上显示"如有链接错误，请指出"等字样。

2. 对会员进行管理

随着客户逐渐增多，会员管理制度所发挥的作用就越来越显著。通过会员管理制度可以得到相关客户的邮件列表、兴趣爱好，并且可以根据他们在网站上的消费情况、访问情况和参与活动情况，建立相应的会员等级。不同等级的会员享有不同的权限，这样可以激发客户的积极性。

3. 对网站浏览统计进行分析

作为电子商务网站的管理员，需要时刻对网站的浏览及访问量进行统计分析。统计包括访问者的多少、各个访问栏目的访问率、访问者的访问时间和访问者所在地等。通过分析这些数据，就可以找出自己网站的优势与不足，从而对网站进行相应的修改，增加网站的可读性，更好地实现网站的建设目标。

(1) 统计网站访问数据的指标。网站访问数据包括以下项目：

① 首页计数器。首页计数器能够最直接地告诉网站管理者和网站访问者，有多少人曾经访问过该网站。

② 综合浏览量。它表示某一时间段内网站各网页被浏览的总次数。

③ 独立访客数。它表示某一时间段内来访的 IP 地址数量。

④ 印象数。它表示网页或广告图片被访问的次数，等同于计数器所表达的数字。

⑤ 点击次数。当访客通过单击所浏览网页中的某个链接访问到自己感兴趣的网页时，称为点击一次。一个访客可以带来十几次甚至更多的点击次数。

⑥ 点击率。一般用点击率表示网站上广告的广告效应。如果一个广告出现了 1 万次，而它被点击的次数为 500 次，那么点击率即为 5%。

当然除了这些常规统计数字外，通过一些 ASP 程序及栏目，还可以了解到"注册用户的数量""邮件列表的用户数""每天收到的邮件数量""参加网上调查的人数"和"论坛发表的文章数"等网站的数字信息。

(2) 利用数据分析管理电子商务网站。

将一段时间内网站综合浏览量和点击次数等数字做成以小时或者天为单位的图表，访问量比较低。通过时段的访问量分析，可以知道主要访问者的性质，如每天的访问高峰期在 9:00 至 17:00，则表明访问者大多是在公司/单位上网；如果访问高峰期在 18:00 至 23:00，则说明访问者多在家中进行浏览。知道了哪个时间段网站的访问人数较少，网站的负载较小，将需要发送的邮件杂志和更新的网页在这个时段发送出去，既可以避免在网站最拥挤的时候过多地占用线路资源，又能够比较顺利地发送数据。

(3) 根据数字变化趋势随时调整网站的发展方向。

一个网站从建立开始，访问人数会随着网站的逐渐完善、内容的更新频率、内容的可读性以及对网站所进行的各种推广活动而形成一条波动的曲线。通过对访问曲线图的分析，再找一下具体原因，如访问高峰的形成是因为某个时段增加了可读性较强的栏目，还是因为网站进行了很好的宣传。针对分析结果进行巩固提高，就会使网站一直向着好的方向发展。

(4) 根据统计数字曲线选择合适的宣传推广方式。

选用了不同的网站宣传方式后，对访问数据进行分析统计，就可以知道哪种宣传方式最有效。

综上所述，通过访问统计数字，不仅能够了解某一时段的访问人数情况，还可以从中分析出访问人群的上网高峰期、网站内容是不是能够令人"回眸"、新栏目推出的反响以及网站推广手段是否有效等。

4. 对客户信息的及时反馈

客户访问了网站后，可能会对某些方面感兴趣，往往会随时给网站管理员留言、发邮件。这些网站来客就成为潜在的客户群，应该给予必要的重视。对他们提出的问题应及时解决并回复，这样有助于为企业树立良好的公众形象，进一步增加网站客户的数量；反之，如果没有设置网站管理员专人负责处理网站来客的邮件信息，那么这些网站来客的留言或电子邮件不是发不出去就是发信后石沉大海，迟迟得不到回复。这样一来，网上访客的数量就会急剧减少，因为谁也不愿意与一个死气沉沉的网站进行交流。而且，根据经验，尽管网站上有地址、电话和传真号码，但访问者还是喜欢用电子邮件联系，因为网站本身就是为了突出这种通信优势。所以，一定要专人负责，保证网站与访问者及时沟通。

(1) 对订单及时处理。

如果客户对电子商务网站中的某些商品产生兴趣，就会产生购买欲，这时他们就会填写订单，准备购买商品。对客户订单的处理尤为重要，因为这些客户即将成为业务对象，所以对客户订单的处理要及时准确，并根据需要准备好相关的配送环节。

(2) 对留言簿进行维护。

对留言簿要经常进行维护，总结意见。因为一般访问者对站点有什么意见，通常都会在第一时间看看站点哪里有留言簿，然后就在留言簿里留言，期望网站管理者能提供他想要的商品，或提供相关的服务。必须对访问者提出的问题进行分析总结，一方面，要以尽可能快的速度进行答复；另一方面，要记录下来进行切实的改进。网站管理者可以从中收集很多信息，从而获得更多的商机。

(3) 对客户的电子邮件进行维护。

所有的企业网站都有自己的联系页面，通常是管理者的电子邮件地址，经常会有一些信息发到邮箱中。对访问者的邮件要及时答复，最好是在邮件服务器上设置自动回复功能，这样能够使访问者对站点的服务产生安全感和信任感，然后管理员再对用户的问题进行细致的解答。

(4) 维护投票调查的程序。

企业站点上经常有一些投票调查的程序，用来了解访问者的喜好或意见。一方面，对已调查的数据进行分析；另一方面，也可以经常变换调查内容。但对于调查内容的设置要有针对性，不要搞一些空泛的问题。也可以针对某个热点问题或现象进行投票，吸引更多人来关注。

(5) 对顾客意见的处理。

网站的交互性栏目可能会收集到很多顾客意见，要及时处理，这样才能保证企业的良好形象。

5. 对网站安全进行监控

网站是对外开放的，以便每个来客进行访问；但是，要注意网站的安全问题，即要防止某些心怀不轨的来客对网站进行攻击。他们或者修改网页进行恶作剧；或者破坏系统程序；或者进行电子邮件骚扰；或者转移资金账户，窃取资金，从而构成了一个复杂的黑客群体，对网站计算机系统和信息网络构成极大的威胁。

这样就需要网站的管理员对网站进行严密的防护，设置防火墙，采用加密算法进行密钥传输，进行用户身份认证等。但这样做还远远不够，因为网络安全的强度只取决于网络中的最弱连接，所以要及时发现网站的漏洞并进行修复。如果没有网站管理员，或者网站管理员的管理水平不高，就会为网站留下许多安全隐患，给黑客入侵造成可乘之机。

寻找网络中的薄弱环节和安全漏洞，是每个系统管理员和每个黑客都要做的一件事。系统管理员查找漏洞的目的在于加强防护，黑客探测漏洞的目的则在于找到攻击点。只有网站管理员及时检测到它，找到它的所在，才能修复它，并必须领先黑客一步。而且网络是动态的，黑客也是多谋善变的，对安全产品或服务仅配置一次是不够的，必须及时更新。

第六章 "互联网+"背景下的电子商务模式

第一节 企业与消费者之间的电子商务模式

一、B2C 概述

B2C(企业与消费者间的电子商务模式, Business to Consumer)是企业对应消费者的电子商务模式。在这种模式下，交易主体中的卖方身份正规化，需要正式在工商部门注册，以企业的形象为消费者提供产品和服务，这与现实中的公司运营、店铺管理基本是一致的。相比之下，卖方以这种方式参与市场交易，可信度更高，长期坚持会产生较高的品牌效益，且可追溯性较强，但税收、运营成本和交易成本也会上升。

二、亚马逊

2015 年，亚马逊刚刚走出亏损的阴影，2016 年的市值就已经突破 3557 亿美元，跻身美国五大公司之一，电子商务王国亚马逊的传奇纪录再次被刷新。它是怎样做到的？从最初的网络书店，到如今的在线零售帝国、云服务霸主、数据专家、仓储式物流能手……从亚马逊的发展轨迹中，我们可以发现，如今的成功只不过是这个传奇王国多年以来低调潜行的厚积薄发。

1994 年，亚马逊在大多数人还不了解网络的时候就已成立，到现在已经过去 30 多个年头，它的成功绝非偶然。亚马逊的崛起有迹可循。

(一) 创新驱动业务模式拓展，积极寻找新的利润增长点

1. 以图书发家，创新驱动完成拓展

一直以来，图书都是亚马逊具有战略地位的品类。在图书行业，亚马逊通过不断思考和创新，开辟了完整的图书市场。

亚马逊推出了第三方市场，将二手图书引入在线平台。读者在亚马逊网上买书时，可

同时看到该书的新书和二手书的价格，感受到一种前所未有的全新体验。其次，亚马逊推出了 Kindle 自出版平台，允许作者在网站上制作并出版电子书，并发布到亚马逊各国平台。该平台为作者提供最高 70%的图书销售分成，大幅简化出版流程和门槛，直接与作者建立联系，掌控了内容生产资源。

接着，亚马逊借助自身的发行优势，成立了自己的图书出版公司——亚马逊出版，重点着力于图书出版业务，创建了 13 个出版品牌。随后，它凭借电子书业务的经验和技术优势，推出了教科书租赁业务，全面进军教科书销售市场，学生可以通过相对纸质图书价格最低 2 折的租金租赁所需的教科书，同时还构建了纸质教科书的买卖交易平台。亚马逊还通过与出版商的合作，在开展数字阅读业务方面要求出版商提供元数据、定价模式、分成比例、业务配合等，完善了基础数据。

2. 从图书到"万货"，不断开辟新增盈利点

从 1994 年至今，亚马逊有过三次定位：第一次是从 1994 年到 1997 年，成为"全球最大的书店"；第二次是从 1997 年到 2001 年，成为"最大的综合网络零售商"；第三次是从 2001 年至今，成为"最以客户为中心的企业"。20 多年来，亚马逊保持着每年两位数的增长速度，一直在不断地探索新的利润增长点。除了图书，今天的亚马逊已实现了创始人贝佐斯最初的梦想：成为一家"万货商店"。同时，亚马逊还大规模推出了第三方开放平台、网络服务等，更加超越了网络零售商的范畴，成为一家综合服务提供商。

(二) 经营理念——用户至上，内功扎实

亚马逊的员工认为，他们的工作不是卖东西，而是帮助消费者做出购买决策。关注消费者、面向消费者，是亚马逊持之以恒的理念。亚马逊与当前中国电商之间最大的一项区别，或许就在于此。

1. 以公平原则践行"消费者是上帝"——特立独行的亚马逊

一个产品入驻电商平台后，为了快速促销，平台和商家会怎么做？以淘宝为例，最初淘宝卖家数量疯涨，竞争激烈，卖家们便开始寻求规则中的缝隙，最终与平台一起完善和壮大网站的运营规则。消费者对"推荐商品""热销商品"的标签以及广告的依赖度极高，商品还处在"被推送"的阶段，难以出现真正"市场决定"的产品。

而亚马逊的做法是什么呢？对入驻它平台的商家收费甚微，连促销资源都免费，只在商家产生销售额后，才会产生一部分佣金。亚马逊跟京东大不一样，没有可以收费推广的广告位，没有推荐榜单，站内会定期或不定期地策划一些主题促销活动，而活动上推荐的产品，都是由该产品平时的销售额、好评率等指标来确定的，不涉及推广费用。也就是说，这个平台的发展重点是产品，这么做就是为了确保推荐的商品都是用户想买的、体验很好的产品。对于这些原则，亚马逊遵守得相当严格。

亚马逊坚持提供一个公平的机制，这种公平同时提供给各个卖家以及客户，有利于提高卖家的产品和服务的质量。亚马逊很少做如天猫"双十一"之类的购物节，并不急于通

过一次促销将销售额扩大多少倍,它要做的是丰富品类、天天平价、优质服务,帮助客户理性购物,以提高客户的黏性。

2. 自身努力 + 高效服务,商品大卖不是梦

或许有人会问,在这种迥异于国内游戏规则的平台上,商家怎么做才能更有效地推广并最终获得盈利呢?

首先就需要商家努力把产品和服务做精,从店面的包装到促销推广活动,商家一定要用心去吸引客户。然后,使用亚马逊的物流和仓储,设置高效准确的关键词,这两点在一定程度上也可以反映亚马逊的"内功"。

除了高效的配送效率,当商家使用亚马逊物流时,可以提供"货到付款"服务。目前,在亚马逊中国的所有订单中,选择"货到付款"的订单占大部分。因此,这一项服务对"成单"是很有帮助的。此外,使用亚马逊物流相较于自己配送,还是比较节省成本的。

亚马逊的数据分析能力很强,基于此,它非常重视关键词的推广。亚马逊的工作人员会建议商家设置一些关键词,这些关键词能在谷歌、百度这些工具上起到重要的推广作用。

有了这些努力,商家店铺的销售便可能会有转机,如果一段时间后,能凭借高转化率和好评率争取到首页上的一次展示机会,无疑会给商家带来销售额大幅上涨的机会。

3. 页面简洁实用

与国内很多购物网站让人眼花缭乱的页面不同,亚马逊的页面十分简洁,能最大限度地满足用户的使用需求,来牢牢锁住用户。

4. 便利快捷效率高

亚马逊的站点功能极为便利与快速。除了搜寻选项之外,顾客也可以同时浏览数十种不同的主题,节省上网的时间,提高搜索的速度。

亚马逊独特的游戏规则,使得这个实力强劲的国际电商巨头在中国一直"不瘟不火"。有人质疑,亚马逊到底想不想在中国好好发展?贝佐斯曾在一次管理会议上,对亚马逊中国的高层问了一个问题,即在亚马逊中国网上购物的顾客,他们都满意吗?事实上,亚马逊的客户体验非常棒,长期占据客户满意度调查的榜首。

有评论认为,这或许才是电商该有的状态,亚马逊有足够的"内功",以及强大的资金背景。它不怕吃亏,按部就班地传输自己的理念,培养客户,或许这也是亚马逊能在转亏为盈之后迅速获得突破的重要原因。

(三) 先进技术加持,助亚马逊走得更快更远

亚马逊的成功不只是创新和拓展的成功,也不仅是经营理念的成功,还在于其先进技术的成功。那么亚马逊撬动商业帝国的技术支点有哪些呢?

1. 智能机器人 Kiva(分拣处理货物机器人)技术

亚马逊仓库的自动化水平很高。在仓储物流线上,亚马逊使用多个机器人为顾客处理

订单，这些机器人可以识别条码，然后将货架上的相应物品搬送到人类员工身边。这颠覆了传统的"人找货、人找货位"模式，实现了"货找人、货位找人"的模式，各个库位在Kiva机器人的驱动下自动排序到作业岗位，大大提高了工作效率，节省了开支。

2. 无人机送货

亚马逊有 Prime Air 无人快递，顾客在网上下单，如果商品重量在 2.5 千克以下，就可以选择无人机配送方式。无人机能够自动取件，直飞顾客所在地，实现整个过程无人化，在30 分钟内把快递送到家。亚马逊的物流费用率只有 9%左右，低于国内电商采取的第三方物流形式的 13%。

3. 订单与客户服务中的大数据应用

亚马逊是第一个将大数据推广到电商物流平台运作的企业，它通过挖掘用户需求，运用强大的数据分析与处理等技术手段，完善浏览、购物、仓配、送货和客服等各项服务，实现了"用户至上"。

此外，亚马逊还有智能入库管理、缺失商品自动监测平台等技术，这些技术都为亚马逊的高速发展提供了不可或缺的助力。

三、京东商城

京东商城由刘强东于 2004 年初创办。现在的京东商城已经是中国 B2C 市场最大的 3C (注：3C 是计算机 Computer、通信 Communication 和消费电子产品 Consumer Electronic 这3 类电子产品的简称)网购专业平台，是中国电子商务领域较受消费者欢迎和较具影响力的电子商务网站之一。

2010 年，京东跃升为中国首家规模超过百亿的网络零售企业。2013 年 3 月 30 日，京东正式切换域名，并发布新的 logo 和吉祥物。2014 年 3 月 10 日，京东收购腾讯 QQ 网购和C2C 平台拍拍网。

京东是目前国内最大的自营式电商企业，在线销售计算机、手机与其他数码产品、家电、汽车配件、服装与鞋类、奢侈品、家居与家庭用品、化妆品与其他个人护理用品、食品与营养品、书籍、电子图书、音乐、电影与其他媒体产品、母婴用品与玩具、体育与健身器材以及虚拟商品等十六大类，总计 3150 万种优质商品。目前，京东集团旗下设有京东商城、京东金融、拍拍网、京东智能及海外事业部等。2014 年 5 月 21 日，京东在美国纳斯达克证券交易所正式挂牌上市，发行价为 19 美元每股，是中国第一个成功赴美上市的大型综合型电商平台，与腾讯、百度等中国互联网巨头共同跻身全球十大互联网公司排行榜。2014年，京东市场交易额达到 2602 亿元。

京东拥有中国电商行业最大的仓储设施。截至 2023 年 12 月 31 日，京东在全国拥有 8大物流中心，拥有将近 30 万名仓储及配送人员，并且仓库网络覆盖中国几乎所有区县，包括独自运营的 1300 多个仓库及京东物流技术开放平台下由第三方仓库所有者运营的 1700多个云仓。京东专业的配送队伍能为消费者提供一系列专业服务，例如 211 限时达、次日达、夜间配和三小时极速达，以及 GIS 包裹实时追踪、售后 100 分、快速退换货和家电上门安装等服务，保障用户享受到卓越、全面的物流配送和完整的"端对端"购物体验。

在海外布局方面，在印尼市场，京东已经在 4 个城市设立仓库，配送服务覆盖 7 大岛屿、483 个城市和 6500 个区县，商品涵盖 3C、家电、时尚、奢侈品等 19 个品类、127 个子品类。

第二节　个人消费者与个人消费者之间的电子商务模式

一、C2C 概述

C2C(Consumer to Consumer)即消费者与消费者之间的电子商务，实际上是传统的"地摊"模式、"农贸市场"模式的电子商务化，以免费或者较低的摊位成本，不需要工商部门颁发执照，在税收方面拥有充分的优惠，个体以卖方的身份介入交易市场，买方也多为个体。这种模式议价空间较大，商品种类繁多，且进出自由度较高，因此有着广泛的群众基础，但是鱼龙混杂，很多商品真假难辨，不法商贩步入其中，浑水摸鱼的现象时有发生。例如没有工商部门的注册，商贩地址难以查询，没有正规发票，发生事故后可追溯性差等，这在传统的地摊、农贸市场中很常见，在电子商务的 C2C 交易中也时有发生。一直以来，网络上热议电子商务平台责任时，针对这种现象都进行讨论过。笔者认为，针对这一现象，无论是传统的渠道模式，还是电子商务模式，关键要把握三个方面：首先是交易主体的身份合法性，其次是交易商品的质量标准，最后是事后的可追溯渠道，三者是一个系统工程，缺一不可，否则总有漏洞可钻。所以，应该根据线上线下的特点针对这 3 个方面采取措施，净化网络环境。因此，既然允许"地摊"模式、"农贸市场"模式的存在，就要承认其合法性。但是，规范和治理也需要政府、网络平台、社会监管和广大消费者等多方努力。

二、淘宝与易趣网(eBay)

1998 年末，美国航空业不景气，机械工具销售商尝试在易趣网上陈列一些货物，包括价格高达 7000 美元的铣床和 1 吨重的机器。当时，易趣网上主要提供的是鞋袜和衣柜等家居用品，但铣床却没有因价格太高无法融入市场，反而受到热烈欢迎，易趣网因此"一发不可收拾"。在短短的两年时间里，该销售商从一家默默无闻的小公司发展成为全球最大的机械工具制造商之一。在这个过程中，这家公司不断地改变着自己的策略和方法。最初，公司主要是通过在易趣网上销售产品来实现盈利，后来才开始慢慢扩大业务。公司成立之初，仅在加利福尼亚有一个办事处，在易趣网上每年的线上销售额可以达到上百万美元，占总业务量的 75% 以上。

易趣网成立于 2003 年 1 月，如今已经成为全球最大的工业产品市场之一。易趣网全球最大的零售商之一,拥有超过 2.3 万家门店。2004 年底,摩托罗拉与易趣网达成合作协议,建立起合作关系,双方都希望将各自的业务扩展到电子商务领域,但最终却没有成功。2005年,易趣网并购美国的一家 B2B 公司。同时,C2C 行业出现了如易趣网和香港环球资源这样的战略联盟。环球资源是一家具有政府背景的 B2B 公司。结盟和收购成为了它们共同的战略选择。易趣网与全球卖家的合作由来已久,全球卖家通过采购上游的原材料和向下游销售来获取利润,同时易趣网也一直在寻求为消费者提供更深层次的服务。

2003 年 5 月,马云创办了国内最大的 C2C 网站——淘宝,开始在中国市场与易趣网展开竞争。在此之前,在短短的几年时间里,易趣网已经成功登陆了中国市场,获得了中国消费者的认可并迅速发展成全球最大的电子商务公司之一。在思考易趣网的崛起给中国传统企业带来了哪些启示时,我们该思索是怎样的力量使易趣网脱颖而出。易趣网的前 CEO(首席执行官)惠特曼曾认为淘宝网是一个"小竞争对手",她说这个"小竞争对手"只会给易趣网"脚踝"一击,易趣网在中国市场上的胜利是"毫无悬念"的。但最后淘宝的迅速发展以及在市场中的强大竞争力使惠特曼震惊不已。

惠特曼曾说过:淘宝的生命周期最高不会超过 18 个月。面对淘宝的挑战,易趣网采取了"封锁"战略。易趣网花费高于市场价一倍的费用与新浪、搜狐和网易等几大门户网站签订了"TOM"广告合同,专门针对淘宝或其他 C2C 网站,如果这几大门户网站不遵守合同规则与淘宝产生推广合作,将会被判定向易趣网赔付巨额违约金。

淘宝的应对之策也非常简单:以更低廉的费用在数以万计的小型网站发布广告,后来又总结出了"长尾理论",认为长尾里的网站推广是一个聚沙成塔的过程,能聚集更多有价值的信息给受众。淘宝正是抓住了这个机会,从 2000 年 10 月 1 日开始,在短短的一个月内,就做了大量的广告和促销活动,将这些活动推广到全国各地,很快吸引了大批的买家,最终获得巨大成功,销售额直线上升,迅速崛起成为行业典范。淘宝的发展迅猛且势不可挡,一夜之间,众多的中小网站如雨后春笋般推出淘宝的广告。一开始,淘宝的名字出现在地铁车厢里、车站站牌上和灯箱上,后来慢慢延伸到了电视上。人们对"上网去淘宝"这一原始概念的认识逐渐累积起来。

2004 年 9 月,易趣网在拥有 690 万名用户的情况下依然遥遥领先,但淘宝也累计拥有了初期的 220 万名用户,说明这名创立仅 1 年的新秀拥有三分之一的对手用户。2004 年 10月,易趣网宣布在中国投资 1 亿美元用于"市场推广"业务。在这一背景下,易趣网与淘宝的竞争也愈演愈烈。2004 年年底,易趣网在中国个人电子商务市场所占比例是 53%,而淘宝的份额则是 41%,可见淘宝的发展速度令人震惊,发展前景一片大好。

2005 年年底,淘宝的交易额已经超过 80 亿元人民币,远远超过了易趣网;2008 年,淘宝已经统领中国的电子商务市场,成为最大的领跑者。截至目前,淘宝网已经拥有 4 万多家店铺、近 10 亿活跃消费者和数亿名注册卖家,日成交额达到 3 亿多人民币,淘宝商城已经成为全球最大的 B2C 交易平台之一。淘宝不仅是中国人网络购物的首选平台,也是全球最受欢迎的电商网站之一,市场占有率遥遥领先,用户数量巨大,增长速度惊人,发展迅猛,前景广阔,年交易额超过 1000 亿元,在线上零售市场占比超过 80%。

TOM 在线和易趣网于 2006 年 12 月共同向外界宣布了合资公司的成立,这家全新的公司中文名为"TOM—易趣",由王雷雷出任 CEO,其目标是用 6 个月时间,寻找到一个切实可行的盈利模式。对一个创业型企业来说,"赚钱"是最重要的问题之一,如何赚到钱则是摆在每个创业者面前最为困难的事情。而王雷雷的这个梦并没有实现,TOM 集团(02383.HK)2008 年 3 月下旬发布的 2007 年年度业绩显示,该集团五年来第一次出现亏损,亏损金额高达 2.974 亿港币。

易趣网曾是 C2C 市场的绝对领导者,这个行业的规则就是易趣网摸索并维持的。易趣网一直坚持对用户收费,这是其收入的主要来源。具体的收费项目包括:① 开店费。对一些小公司来说,开店费要占到营业额的 15%左右,而对大公司来说,这个比例可能会更高。在易趣网开一家店,无论有没有售出商品,开店费这笔钱每月都要交一次。② 商品登录费。每往易趣网上架一件货物,就要支付一笔登录费,每件售卖的商品登录一次是 1~8 元不等,不管是否卖出。③ 特色功能费。这主要用于"发布管理"工作,一般用于发布有关产品信息或服务信息,是企业对自己商品的一种宣传推广方式。目的主要有两个:一是为了吸引客户眼球,二是通过这种方式来提升企业品牌知名度。④ 图片服务费。包括两种表现形式:第一种,在变更管理过程中,根据不同的生产环境和内容,收取相应的图片服务费;第二种,每件商品可自由上传 2 张指定格式照片,2 张以上或请求特殊格式需额外支付一定的费用。⑤ 交易费。交易费按交易额的 0.25%~2%收取。这些收费项目,在 2007 年为易趣网贡献了 51 亿美元的收入,这占易趣网总收入 73 亿美元的 70%。但是,易趣网摸索并维持的这套收费模式,被淘宝打破了。2003 年创立之初,淘宝就宣布三年免费,即一个卖家在淘宝上的开店成本为零。毫无疑问,开店成本为零,这对大多数人来说诱惑力巨大,这立刻为淘宝引来关注和流量。

易趣网中国的创始人邵亦波直接批判免费模式,他认为收费是市场的"过滤器",唯有收费才能让卖家慎重对待登录在线的商品,以提升成交率为目标。收费之后,卖方不敢随便开价,也避免了将卖不出去的商品长时间挂在网上的情况;与此同时,买方就不用面临充满了各种无效商品的集市。易趣网还应用了 EB(e-based Platform)模式。EB 模式是美国的一种在线拍卖系统,由 EBS 公司开发并运营。EBS 公司利用这种方式获得收入。EBS 网站免费注册,付费交易。总之,收费后易趣网成交额、成交率得到了大幅提升。

从 2005 年开始,淘宝的市场份额反超易趣网。在现实的压力下,易趣网开始妥协。实行"收费"的易趣网在中国第一次尝试下调网站物品登录费等相关费用,橱窗展示则完全免费,普通店铺的月租费降低 30%左右。这也是该公司为迎接美国电子商务巨头亚马逊的挑战而采取的重大举措之一。据了解,此次费用大幅下调的主要原因在于中国电子商务市场迅速发展以及消费者对网上购物需求的日益增长。同时,亚马逊也带来了巨大的竞争压力。因此,为了稳定客户群,此次调整势在必行。调整必然带来冲击,但总的来说,利大于弊,同年 12 月份易趣网又进行了价格调整,出台了免费开店和降低商品登录费的优惠政策。

尽管如此,易趣网仍然没有跨过那一条生死线——实行完全免费,它坚持收取一定费用,这也是易趣网最后坚守的防线。道理很简单，如果完全免费，这与易趣网在全球 51 亿美元的收入形成矛盾，如果在中国完全免费，就会有用户发问：既然你在中国免费，为什么在别国不免费？就会有投资者发问：既然你必须依靠免费来赢得在中国的竞争，那么未来的竞争是否会逼迫你在全球免费？接下来的致命问题：如果免费成为必须，那么你现在 51 亿美元的收入是否会消失？

邵亦波表示，我国电子商务市场已经发展近十年，但尚未有成功上市的公司，淘宝免费的模式，更让电子商务公司盈利模式陷入困境。不过，在 2008 年，淘宝再一次用事实对这种疑问给予了回答。同年 11 月，一直坚持免费的淘宝宣布盈利。淘宝有 3 个收益来源。① 卖家通过淘宝平台享受各种增值业务。淘宝为卖家提供物流、各类店铺管理软件和服务、财务报表和客户关系管理工具及软件等，它们来源于淘宝网和阿里软件及第三方软件提供商。② 淘宝商城。这是一个 B2C 服务，淘宝会根据进驻商城客户的月交易额设定一个保底佣金和抽税率。其实，这跟易趣网的收费模式十分相似，但是，这只占淘宝收入的很小一部分。③ 广告。淘宝收取小额广告费用，这一点是意料之外，却在情理之中。因为淘宝的用户都是为购买商品而来，他们有着非常强的购买意图，这也是对广告主最有吸引力的用户群，淘宝广告对商品销售的直接拉动效果肯定是大于门户广告的。

如今淘宝网已是中国最大的网购零售平台之一，拥有超过 5 亿的注册用户数和超过 6000 万的固定访客，日平均在线商品数达 8 亿件，平均每分钟有 4.8 万件商品售出。2014 年年底，淘宝网的每日交易额最高达到了 571 亿元人民币。淘宝作为国内最大的 B2C 购物网站，发展历程可以分为三个阶段：第一阶段是在 1999 年之前的"淘客"时代；第二阶段为 2000—2004 年间的"淘宝卖家"时代；第三阶段则进入到现在的电子商务时代。至今，淘宝网已走过 20 余年，时间漫长、过程曲折、成绩斐然、成就辉煌。伴随着淘宝网的不断壮大与用户的不断增多，淘宝网已经由一个单一的 C2C 网络集市转变为一个包含 C2C、团购、分销、拍卖等众多电子商务模式的综合零售商圈，现已成为全球电子商务交易平台中的佼佼者。

第三节　企业与企业之间的电子商务模式

一、B2B 概述

B2B(Business to Business)指企业与企业之间的电子商务。其交易的双方均是企业，无论是原材料采购中的供货商对采购商、半成品的供货商对中间商或中间商对制造商，还是成品贸易中的制造商对批发商、批发商对批发商、批发商对零售商，主体双方均是合法注册的企业，交易额一般较大。B2B 可以说是较早地将线上线下结合起来的一种贸易方式，有着大金额、大批量的交易，但主体还是传统的贸易方式，询盘、发盘、还盘和接受的 4 个交易磋商环节中，"电子化"手段被较好地引入了其中。

二、海尔

海尔集团创立于 1984 年，近 40 年来持续稳定发展，已成为大型国际化企业集团。海尔是国内大型企业中第一家推出电子商务业务平台的公司。对于海尔来说，国际化是目前一个重要发展战略，所以，海尔必须要进入电子商务领域，而且进去了就得做好，没有回头路。

海尔招投标网平台作为海尔集团在互联网上搭建的一个采购用具，连接海尔集团采购员和供应商。它提供包括网上招标系统、电子报价系统和网上交易系统在内的三大功能模块，其中网上招标系统为基础，电子报价系统为核心，网上交易系统为辅助，3 个子系统互相独立又相互关联，缺一不可，相辅相成，共同构成一个整体。海尔集团借助这一平台，实现了线上招投标、竞价采购、询价比价采购全流程。供应商在线上登记，递交企业资料并由海尔集团供应商管理员核实确认。海尔集团采购人员在线上发布招标书及其他采购信息，经海尔集团审核通过的合格供应商可查阅选购标书并参与线上招标，采购方在线上评标、议标、发布预中标并最终发出中标公告。经海尔集团审核通过的合格供应商也可以将自己的产品发布到海尔招投标网上供海尔集团选择采购。供应商可以通过下载说明来了解海尔集团供应商的业务流程。

三、一家客户关系管理(CRM)软件公司

Salesforce(美国一家客户关系管理软件服务提供商)的总部位于旧金山最繁华的大街一号，办公室的墙壁上随处贴着与禁烟标志类似的圆圈加斜杠标识，只不过上面的 "No Smoking(禁止吸烟)" 变成了 "No Software(禁止软件)"。这个别出心裁的标识代表了 Salesforce 的企业宗旨，而且 No Software 也正是 Salesforce 存在的理由。1999 年公司成立之初，创始人就曾宣布传统软件时代即将终结，自称软件终结者。传统软件概念中的采购、安装、使用等环节，会随着租用软件的来临发生彻底的变化，用户无须再采购任何软硬件，只要按年或者按月付费，便可随时通过网络使用所需的各种服务，而企业以月租费的形式支付使用费。

Salesforce 开拓了全新的软件应用模式，即通过互联网利用企业级应用软件进行管理。通过订购 Salesforce.com，顾客避免了自己购买软件和在计算机设置系统、维持系统运行的费用与麻烦。在几年时间里，Salesforce 不断添加更多的功能，包括客户定制服务和独立软件公司用来开发相关应用程序的工具。当前，全球有 29 800 多家公司和 646 000 名注册用户使用 Salesforce，其中包括了众多业界巨头，如通用电气、AMD、通用汽车、时代华纳、美国在线、道琼斯新闻热线等。Salesforce 进入中国后，希望可以提高整个中国中小企业对租用客户关系管理的认识。

第四节　线上与线下之间的电子商务模式

一、O2O 概述

O2O(线上线下电子商务模式,Online to Offline)就是把线下商务中的契机和互联网相结合,使互联网变成线下交易前台。这样线下服务就可以用于线上招揽顾客,消费者可以在线上筛选服务,成交后可以在线结算。该模式最主要的特点是:推广效果可查,每笔交易可跟踪。

O2O 模式最初由美国 Trial Pay 创始人约翰·兰佩尔在 2011 年 8 月提出,其主要特征为:以"人+物"为基础,以"线上线下相结合"为主渠道,以"消费者需求"为核心。O2O 模式就是这样一种新型商业模式,起源于美国,现已在全球被广泛应用,前景广阔,我国的企业应用 O2O 模式的也越来越多。简单来说,它是通过线上营销和线下经营相结合的方式,将线下消费与互联网技术相结合,利用互联网对商品进行实时统计,并根据消费数据生成相应的评价信息,从而为消费者提供服务。

O2O 模式需要消费者在网站上进行预约并付款,预约和付款信息将是商家获取消费者购物情况的主要通道,这便于商家采集消费者的选购数据,继而实现区域化精准营销,较好地稳固和扩大区域性顾客。目前,O2O 模式已逐渐被各大电商企业所接受,并取得不错成效。但从发展现状来看,O2O 模式仍存在一些问题,可以从降低成本、提高效率、增强便捷化与个性化等方面进行创新。通过线上资源提升的顾客不会为商家造成太大的成本代价,却能使之获得更大的收益。对商家来说,O2O 模式可以帮助其避免选址和租金的烦恼;对消费者来说,O2O 为其提供了大量、全面、及时的产品和服务信息,可以帮助他们快速甄别和订购到合适的物品或者服务,并且保证了一定的性价比。

二、O2O 战略布局

O2O 这一概念由阿莱克斯·拉姆贝尔在 2011 年 8 月提出,11 月传入我国之后,引发了实践与探讨的高潮。一般认为,该模式存在的困难与关键是如何在产品展示与在线支付之间完成一个闭环,使营销效果易于监管,各方面利益都能得到充分保证。

当中国互联网公司三巨头百度、阿里和腾讯相继在生活服务领域落了几枚重要棋子后,形形色色的评论文章便充斥于坊间。事实上这种商业模式早已不是什么新鲜事了,携程、去哪儿和各类团购网站就是这个理念的实践者,有些网站甚至已经发展成为上市公司。O2O 实质上是生活服务的互联网化进程,这一进程是不可避免和不断进行的,只不过如今这一进程已经被人们赋予新的理念。随后探讨的生活服务市场多指餐饮、休闲娱乐等行业,都是当下热门的领域。

与生活服务相关的多种形式的线上服务早已经存在，但线下商家不够成熟和规范，信息化水平较低和从业人员素质相对滞后等因素限制着线上服务，如今该领域尚未孕育出上市公司。眼馋市场者大有人在，如今这些线上线下制约因素都在逐渐向好的趋势发展，借巨头们布局之机，我们也可以看看这片市场前景如何，谁更有实力打通线上线下，玩转O2O。

(一) 消费者和商家眼中的O2O

商家与消费者分别为生活服务市场的两端，O2O所要做的就是搭建更好的桥梁，让商家与消费者能更快更好地建立起沟通渠道、达成交易。通俗地说，消费者对O2O最主要的要求就是能帮助他们在适当的时间和地点寻找到质量和服务都非常好的商户，要是事先能了解到所需产品与服务最新消息和具体信息(数量、尺寸、市场价等)，能预约到服务或享受到某些优惠就更好了。

商家能否接受O2O，关键要看O2O能否为他们带来实实在在的利润。商家利润水平主要由用户量和单次消费额度决定，所以有效O2O模式应能在提升用户到达店铺频率(提升商家曝光度)和单次消费额度的前提下，协助商家持续提升用户存量(保留老用户)和增量(招揽新客户)。还有一点非常重要，就是该模式要简便易行，符合商户操作习惯。

消费者对O2O最重要的诉求集中在前端的信息获取与检索上，商家应开放前后端的系统，通过前端为消费者提供信息，促进消费者的购买决策，通过后端为消费者提供优质售后服务，强化客户关系管理，利用大数据技术来优化线上销售流程，以更好地为用户提供优质服务。如今点评网站、预订网站、优惠券网站、地图导航等都能很好地满足消费者获取信息与检索的要求，让消费者在轻松找到心仪产品的同时也能享受到优惠的服务。伴随着智能手机的进一步普及与本地化服务的深度结合，这一服务的便捷性也越来越强，但这些业务并未和商家后台系统打通、未形成闭环，所以营销效果无法监管。

(二) 基于未来场景看巨头们的战略布局

任何O2O消费场景都可以把这个过程划分为以下阶段：获取信息、甄别和决策、抵达线下、消费和结算、评论和共享。纵观O2O商业模式的创新，商户可以通过后台对系统进行管理并对顾客进行维护。几家大型企业的O2O布局基本也都是围绕着这些环节进行。

互联网注重入口这个理念，那本地服务有哪些入口呢？从以上所述情景来看，O2O始于对消费者信息的访问和检索，所以能在这个过程中向消费者提供最优质服务的企业就相当于把持着本地服务这个入口。大众点评就是在这方面做得最好的企业之一。截至2015年第三季度，大众点评月活跃用户数超过2亿人，点评数量超过1亿条，收录商户数量超过2000万家，覆盖全国2500多个城市及美国、日本、法国、澳大利亚、韩国、新加坡、泰国、越南、马来西亚、印度尼西亚、柬埔寨、马尔代夫、毛里求斯等全球200多个国家和地区的860座城市。截至2015年第三季度，大众点评(网站和移动设备)月均综合浏览量突破200亿次，移动客户端浏览量占据了总浏览量的85%，移动客户端独立用户数突破了2.5亿人。这几个数字共同作用，确保消费者获取信息的量与质，构成信息入口优势，这将成为一道极具价值且竞争对手在短期内难以逾越的屏障，而无论通过二维码还是其他形式与线上线下联系，都要把这几个信息累积起来。这也就是为什么有了这个入口之后，消费者就能很容易地和商户建立起联系，让消费者知道商户的具体情况。所以说，这个入口非常重要，借助这一入口，大众点评的职能可以很好地为平台完善其他领域的职能。

O2O 是企业在发展过程中所作出的重要战略布局，目前已经形成了以微信为基础，通过微信公众号、会员卡等方式销售商品或服务的模式，同时结合了"财付通"的部分功能。从 2013 年开始，腾讯又陆续推出了支付平台、移动应用商店、游戏商城、金融门户等多个业务板块，其中最引人注目的就是微信支付。微信支付是微信的核心业务之一，微信拥有庞大用户群体，微信上的客户管理系统可以帮助企业更好地管理存量客户和消费者。

阿里巴巴以支付宝和团购为基础，通过一淘网打造了一个全新的本地服务平台——"淘宝本地"，并在此基础上又推出了一个名为"钉钉网"的平台。这四条路径都是围绕着O2O 展开的，并且已经拥有自己的本地服务平台，阿里巴巴对钉钉网的投资就体现了其对本地服务平台的重视，挖掘了本地服务平台在 O2O 的潜力。O2O 商业模式中最重要的一环——"用户"具有巨大的商业价值，而移动互联网的发展，使人们更加注重移动端的体验，并将移动端当作一个平台来使用。信息入口所具有的价值决定了阿里巴巴 O2O 将沿着与大众点评相似的道路，聚焦本地服务平台，控制好信息入口，再逐渐整合支付、地图等功能构成一个综合 O2O 服务平台。

如今，生活服务市场中分散着众多"玩家"，他们应用的技术也各不相同。比如，为用户提供信息聚合和评论服务、餐饮预订服务、地图服务等，另外还包括语音服务、移动支付等多项先进技术，其中大部分服务与技术都是相互隔离的。为了满足消费者对在线交易的需求，"互联网＋生活服务模式"应运而生。"互联网+"将改变人们的生活方式，也必将影响整个社会经济的发展。生活服务领域与传统行业有着紧密的关系，两者相辅相成，互惠互利。随着线上线下标准化、信息化水平的不断提高，这些业务将被全面整合，形成大型 O2O 服务平台。

想象一下这种场景，我们要选个地方与好友共进晚餐，先打开应用选择自己要前往的地方，此时将看到该地方周边所有餐厅及其菜品、折扣、评分情况，同时也将详细了解各个餐厅的定位和用户评论情况，这些情况共同影响我们对某一家餐厅的评价和最终决定，此时既可订餐，也可针对某些问题实时与该餐厅服务人员进行交流。我们需要把这些信息发送到服务器中，然后再由服务器将相关数据存储起来。订了饭店后，我们就能把资料传给好友。当我们准备启程赴约时，本次申请已经记录下稍后将要前往的地点并提示是否打开地图导航模式来显示地点及路线。当我们到达目的地后，系统会自动查询到该餐馆的地理位置信息，并且生成一张电子地图并显示出来反馈给我们。用餐后，可通过申请直接付款，并且能发布对饭店的评价、用餐情况等信息与更多人交流。

消费者在消费过程中会产生大量的点评信息，为了让消费者能快速准确地找到自己想要的信息，CRM(客户关系管理)系统为用餐客户提供了个性化信息。从整体上看，未来 O2O 将聚合线下信息、点评信息、预订服务、地图导航、CRM、语音和实时沟通等多项功能，以地理位置为核心为消费者提供服务。

第五节 消费者直连制造商的电子商务模式

一、C2M 概述

C2M 全称为 Customer to Manufacturer，意为消费者直连制造商。在 C2M 模式下，用户需求直达生产或者驱动生产，同时砍掉了库存、总销、分销、物流、甚至是店面等中间环节和不必要的成本。因此用户可以用超低的价格买到高品质的产品，甚至能根据自己的个性化需求实现定制。C2M 与传统商业模式的底层逻辑是不同的。

以服装行业为例，在传统的商业模式下，商品从制造到用户使用要经过一个漫长的过程，先是品牌研发设计、定款定色，然后根据预估的销售数据下单到工厂，工厂根据订单生产制造，继而由工厂发货给品牌商(自己有工厂的品牌商则直接发货给总代理)，品牌商发货给总代理，再到各城市代理，再从城市代理到商场门店，最后到消费者。

在电子商务深度普及的今天，许多品牌商都有线上渠道，有了线上渠道，便可以根据数据更准确地预测销售情况和更快速地追单。然而，线上渠道的天然缺陷是用户不能直接感受到产品，看图下单的销售方式导致服装类商品退货率很高，平均退货率能达到20%。这部分成本在企业核算价格的时候，仍然会被算进总体运营成本里，最终还是由用户买单。

另外，在居高不下的加价倍率下，品牌方的成本不仅有生产制造以及流通成本，还有最重要的库存成本。通常在消费者支付的价格中，库存成本占30%。即使是供应链管理非常好的快时尚服装品牌飒拉(ZARA)也不能完全消灭库存。

C2M 模式最大的特点是以需定产。这个"需"首先是企业在大数据和算法下收集到的相对精准的用户数据，其次是按需定制，用户先下单，工厂再生产。无论是哪种方式，C2M模式的价值都在于可以最大化地减少生产的不确定性，最大限度地降低库存，甚至完全消灭库存。一旦大幅降低了库存，对企业而言就意味着大大提升了资金使用效率，降低了每件商品的生产和流通成本；对用户而言则意味着可以大幅降低购买成本。由于是需求驱动生产，C2M 模式还能实现用户的终极体验——实现个性化需求。

无论是定制服装，还是定制其他物品，都是根据用户的需求进行个性化定制的产物，并不会出现库存，也不存在大规模物流和仓储，这样就将不能给用户产生价值的成本都省去了。当然，C2M 模式的目标是围绕用户实现个性化定制，而并非所有的定制都是 C2M模式。

提到服装定制，有些人可能会想到电影《王牌特工》里帅气的男主角在西装店里定制西装的情景。在普通生活场景里提到服装定制，大家想到的就是高级定制(简称高定)。所谓高定，大多离不开高端奢华的店面以及手艺精湛的老裁缝，当然价格也是相当"高端"，普通人很难有经济实力享受到这样的产品和服务，高定往往只能满足小部分人的需求。

C2M 模式中的"C"指的是规模用户，而不是小部分用户；"M"指的是制造商，是 Manufacturer(创造大批商品的企业)，不是 Manufactory(大型手工作坊)，也不是 Factory(生产某种特殊物品的工厂)，意思是在制造端也要实现规模化的生产，而不是回归小作坊。

C2M 模式下的按需定制不是回归手工业的定制，恰恰相反，C2M 模式下的定制是要将个性化定制融入大规模的工业化生产中去，用规模化的制造能力满足规模化用户的个性需求，这才是真正的 C2M 模式。

二、重构式创新

从 C 端用户角度看，家电、数码类商品属于高单价的标准品，用户个性定制的需求不强，并未成为大众的刚需，用户很少会主动想要去定制一件此类商品。原因有二：一是家电、数码类产品，往往是由工程师来定义产品的，对普通人而言，这类产品在各种技术指标、制造参数等方面有很高的认知门槛；二是品牌商在产品的新技术应用、更新换代和满足不同用户需求的不同型号上已经做了非常多的细分，用户的消费行为大多只停留在根据自己的需求来选择合适的产品。

对于家电或者电子产品而言，用户需求往往是被品牌商引领的，而用户被引导和唤醒的需求又不断推动品牌商推出新的产品，不断升级制造端制造出更加满足用户需求的新品。

正因如此，家电、手机等电子类产品往往是由大渠道，如，京东、阿里巴巴等这些平台发起的大规模定制，不是由用户发起的个性化定制。运作流程通常是由渠道通过线上大数据分析和用户洞察，识别出用户的关键需求，用关键需求对应到具体的商品数据，并设计合理的价格匹配用户，通过在线预售等营销方式锁定用户订单，在工厂端快速生产出来并交付用户，这是目前比较成熟的方式。

不过，C2M 模式的意义并不仅仅是定制，还在于更高效、更精准地满足用户的需求，通过工业互联网技术的应用，提升工厂的运营效率，减少或者消灭库存。在这个领域最有代表性的制造企业是那些进入"灯塔工厂"名单的企业。

从中国的"灯塔工厂"名单中，我们可以发现，当中的企业大多集中在汽车和家电领域，而入选的工厂往往是由大企业从无到有投资兴建的全新工厂，很少有在原有基础上进行改造的。

三、C2M 模式下的未来工厂

近年来，智能制造、产业互联网、工业互联网等关于制造业改造的话题越来越火，概念虽然各异，实际上殊途同归。就像马云说的："工厂从能接 1000 件订单到能接 1 件订单的转变，并不是以提升成本为代价。这就是大规模定制化生产的未来，也是中国制造业供给侧结构性改革所追求的结果。"

这种变化的推动力在于用户端，因为用户的需求越来越多元，越来越个性化，而工厂必须要用规模化、标准化的方法去满足这些需求。因此，C2M 模式可以被看作制造业追求的终极模式。

无论是服装、家电还是家具，在 C2M 模式下，工厂都会越来越接近用户，越来越"看见"用户。当服务的对象从客户变成用户，柔性化制造将是未来工厂的标配，未来不再会有只生产大订单的工厂，即使是主要生产大订单的工厂也会开辟柔性制造的生产线。如今，许多外贸制造工厂已经是这种模式了。完全不同于传统制造工厂的新"物种"也在产生。在这场制造端的改造运动中，以下部分可能会发生改变，这也是制造企业需要格外注意的部分。

首先，改造供应链只是"术"的层面改造，"道"的层面，即生产管理、企业文化的改变更加重要。

有这么一个真实的故事，考拉工厂店在声势浩大的发展过程中引起了传统制造企业的关注，考拉工厂店创始团队成员之一的琳达结识了许多传统制造业创始人。有一次，一位老板找到琳达希望对接考拉工厂店，让公司也能开辟互联网渠道。琳达便帮忙对接了考拉工厂店负责运营的同事，第一次视频会议时这个老板便缺席了，原因是要请客户吃饭。这种事并非少见，还有一个现象，如我们去参观制造企业，会发现很多制造企业老板的办公室都巨大无比，装修豪华，反观互联网公司，美团创始人王兴以及众多高管直到公司上市都没有自己的独立办公室，相传字节跳动的创始人张一鸣由于使用会议室超时，照样被别的同事从会议室赶出来。

这些故事都充分说明了传统制造企业的文化往往是客户文化、产品文化，所以格外注重来自客户的看法和评价。而互联网公司核心是用户，他们只关注来自广大用户的需求和变化。这种不同的企业文化在管理上就会呈现出不同的方式和方法。例如，制造企业的管理往往特别强调自上而下的管理模式，领导的权威不可动摇；而以用户为核心的公司常常会呈现出自下而上的管理模式，互联网公司里很多新产品都来自小团队的探索和试验。

当市场的变化将 C2M 模式这种机会和大势推到企业面前，制造企业不得不去重构供应链、重塑企业文化，前者是"术"，而后者是"道"，"术"的部分可以花钱解决，但"道"的部分并不是花钱就能解决的。

"犀牛工厂"即阿里迅犀(杭州)数字科技有限公司，是一家数字化的纺织服装工厂，它是阿里巴巴集团"五新"(新零售、新金融、新制造、新技术和新能源)战略中"新制造"的重要组成部分。犀牛工厂的出现让许多传统制造企业倍感压力，实际上，犀牛工厂的优势并不在于制造能力本身，而在于它比传统制造企业有着更强的用户洞察能力和渠道。

其次，在 C2M 模式下，柔性生产会成为制造企业的标配。这就意味着，在工厂中，机器、人、物料这三大制造要素要在原先的大规模生产的组织方式下进行重构，无论是流水线的形态，还是工人的在岗方式都要发生变化，一切都要围绕着用户多元化、零散的需求而发生，这就需要制造企业在管理革新上下功夫。

红领创始人张代理在最初推进工厂定制化改造的同时就开始了管理上的创新，在红领的厂房中，不再有传统的车间主任、厂长、组长等，员工实现了自我管理，在不同节点上的劳动获得不同节点上的工资,多劳多得的激励方式提升了员工工作的积极性。而张代理推动的全员在线工作,核心就是建立全员目标,实现高效协同,以治理取代管理,以自治取代人治。这在工厂的管理中是非常超前的做法。

未来,制造企业更像一台智能化的 3D 打印机,输入的是用户需求,输出的是满足用户需求的产品。这台智能化 3D 打印机的系统是由硬件、软件、工人(机器人)组成的一个立体系统。如果把工厂看成一个系统,迭代能力和进化速度就决定了一个制造商的生存能力。

针对这一方面,制造企业需要向互联网学习迭代思维,加快自身互联网化的转变进程。

在互联网企业中,很多产品并非等待开发完善之后再上线,而是有了测试版就会上线。上线之后,在与用户的互动中,不断优化和迭代版本,这个迭代速度和能力决定了这个产品的生命力。这也符合生物进化的丛林法则,在生物界中,进化速度快的物种往往会站上食物链的顶端,而进化速度慢的物种则会被淘汰。

互联网应用迭代往往相对容易,甚至仅需工程师就能完成,而对于制造业的管理者来说,应该将制造企业看作一个综合了人、设备、产品的系统,需要完成的是体系化的迭代,这比单纯的产品迭代要艰难和复杂得多,但是一旦拥有了系统迭代的思维和底层能力,那么对制造企业来讲,将实现质的飞跃。

在大的用户需求和趋势变革的背景下,制造企业的迭代思维是将整个工厂看成一个系统,既不是推翻重来,也不是裹足不前,而是可以从局部到全局,将迭代变成一个渐进的、持续的过程,这将是制造商未来要面对的最大改变。

第七章 "互联网+"背景下的电子商务安全及运营管理

第一节 电子商务安全及问题防范

一、电子商务安全基本问题

为了更好地理解电子商务安全问题,应该先了解与电子商务和IT安全相关的几个重要概念,以及与安全问题相关的常用基本词汇。

在考察电子商务运作的过程中,要了解有哪些安全隐患存在其中,对这些隐患所产生的危害进行分析研究,针对安全问题存在于电子商务过程中的漏洞与隐患进行全面清扫与修复,以此来保证电子商务在相对安全的环境下运营,且使安全管理方面做到防患于未然。下面以在电子商务交易活动中易发生安全问题的客户、银行、商家为例来进行分析。

(1) 客户可能面对的安全问题:商品已付款但是货物却没有一点消息;个人的身份信息被公开;有人冒名顶替进行商品的购买,甚至强制被要求对未曾购买过的商品买单;关于客户的敏感私人信息遭到泄露或者是窃听;销售商的服务器被恶意攻击,客户无法正常使用等。

(2) 银行可能面临的安全问题:攻击者对银行专用网络的破坏,包括系统中断、窃听、篡改、伪造等。

(3) 商家可能面对的安全问题:中央系统被破坏,安全性遭受威胁;订单被恶意解除或被伪造;合法用户的数据被更改;所销售的商品状况被竞争者检索;恶意竞争者为了获取商家递送商品的情况以及了解其库存的情况,假借他人身份对商品进行订购等;客户资料被同行获取;企业名誉被他人诋毁;消费者的订单生成后却不进行支付等。

电子商务安全涵盖信息安全、信用安全、管理体系及法律保障四个方面,面对黑客攻击与漏洞安全的核心挑战,需深入分析系统问题,强化管理体系与技术手段,从而确保电子商务的稳健与可持续发展。

(一) 黑客的威胁和攻击

包括电子商务在内的各类信息系统很容易受到无意的威胁和故意的攻击。

1. 无意的安全威胁

无意的安全威胁可以分为三类：人为失误、环境危害和计算机系统故障。

(1) 人为失误。人为失误可能发生在硬件或是信息系统的设计阶段，也可能存在于编程、测试、数据采集、数据录入、认证和帮助说明之中。失误可能是由疏忽、经验不足或是误解造成的。

(2) 环境危害。环境危害包括地震、剧烈风暴、洪水、电力故障或强烈波动、火灾、爆炸、放射性尘埃和水冷系统故障等，这些都可能破坏计算机资源。战争破坏和人为破坏也是一种特殊的环境危害。

(3) 计算机系统故障。故障可能是由制造工艺不达标、材料缺陷、过时或维护不善的网络造成的。非故意故障也可能由经验不足、测试不充分等其他原因造成。

2. 故意的攻击和犯罪

故意的攻击指盗窃数据、滥用数据、盗窃计算机设备或软件、人为输入错误的数据、故意破坏计算机设备或是计算机系统、用病毒去攻击计算机系统、滥用计算机以及各种互联网欺诈等行为。

3. 犯罪分子和犯罪手法

我们把在互联网上实施的犯罪统称为"网络犯罪"，把犯罪的实施者称为网络犯罪分子，包括"黑客"和"破解者"。黑客是指那些通过非授权认证方式进入计算机系统的人；破解者是指那些通常通过网络侵入别人系统的人，或者是破解计算机程序许可的人，以及有意破坏计算机安全的人。他们做这些可能是因为利益、敌意、私心，或者是将破解视作一个挑战。

网络犯罪分子的攻击方式多种多样，有的以电脑作为攻击工具，有的则针对电脑资产进行攻击。

黑客和软件破解犯罪中往往还涉及一些看似无辜的人员，包括一些内部人员。我们把那些为他人转移盗取钱财的"无辜"的人称为"钱骡"。在一种称为"社会工程"的手法中，犯罪分子会设法从不防备的人手中获取他们的信息或是网站登录权限。

(二) 漏洞导致的安全问题

网络犯罪分子攻击的目标可能是人，也可能是机器或是信息系统。针对人的攻击多涉及欺诈，目的是盗取金钱或房地产之类的各种财产，有时计算机还被用于骚扰、破坏信誉和侵犯隐私等。

1. 漏洞受到的攻击

信息系统的任何部分都可能成为被攻击目标，用户是被欺诈的主要对象。电脑可能被盗或是遭到病毒和其他恶意软件的攻击；数据库可能受到未经授权的访问攻击，数据可能遭到复制或盗取；网络可能遭到攻击；信息流可能被阻断或是更改；设备的终端、打印机以及其他部件都可能遭到多种多样的破坏；软件和程序可能受到劫持；程序和规则可能遭到更改等。攻击点针对的是信息系统的薄弱之处。

(1) 漏洞攻击。漏洞的风险主要在于这个漏洞可能被发现并加以利用。只要有漏洞就可能会被利用。

(2) 邮件攻击。邮件是最容易受攻击的一个地方，因为它是通过非安全网络传播的。

(3) 手机和无线系统攻击。由于手机和无线系统比有线系统更容易被攻击，因此此类攻击也日益增多。

2. 电子商务系统漏洞

(1) 技术弱点。

① 通信未加密。

② 操作系统和应用程序补丁不充分。

③ 防病毒软件和个人防火墙使用不充分。

④ 边界安全薄弱。

⑤ 应用程序安全性差。

(2) 组织弱点。

① 终端用户培训和安全意识差。

② 移动设备安全防范不到位。

③ 商务电脑和网络使用不当。

3. 电子商务的安全形势和需求

使用信息安全策略可以防御攻击和攻击者。

(1) 信息安全的内容。电子商务安全指预防和应对网络攻击和侵入。例如，用户如果在一个网站查找某个产品宣传页，而网站要求用户先填写包含用户或企业信息的一张个人信息表进行注册，然后才会为用户提供产品宣传页。在这种情况下，可能会产生哪些安全问题？

从用户视角看：

① 用户不知道经营网络服务器的公司是否合法。

② 用户不知道网页和表格是否会被间谍软件或是其他恶意软件入侵。

③ 用户不知道是否会有某些不讲诚信的员工截取或是滥用注册信息。

从企业视角看：

① 企业不知道用户是否会在网站上试图侵入网络服务器或是更改网页内容。

② 企业不知道用户是否会试图切断服务器使其他用户无法使用。

从双方视角看：

① 双方不知道他们的网络通信有没有被第三方在线窃听。

② 双方不知道在服务器和用户浏览器之间传来传去的信息有没有被更改。

这些问题集中反映了电子商务交易中形形色色的安全问题。在涉及电子支付的交易中，还会面对更多的安全问题。

(2) 电子商务安全需求。要保证电子商务安全，需要做到以下几点。

① 认证。认证就是一个确认个人、软件客户端、电脑程序或是电子商务网站等主体真实身份的过程。传输认证就是确认发送者是哪个指定的发送人或企业。

② 授权。授权是决定什么样的授信主体可以被允许进入或是进行操作的过程。授权发生在认证之后。

③ 审核。个人或程序登录网站或访问数据库的时候，很多相关的信息都会被记录到一个文件中，这个记录访问内容、访问时间以及访问人员的过程就称为审核。审核提供了一种检查历史操作的方式，可以帮助电子商务安全调查人员查找哪些人或是程序进行了非授权的操作。

④ 可用性。"负载平衡"硬件和软件等技术可以确保系统可用性。

⑤ 不可抵赖性。不可抵赖性与认证密切相关，就是要保证在线客户或贸易伙伴无法否认他们的购买、交易或其他责任。不可抵赖性涉及以下几种证明文件：第一，发送方持有发送证明；第二，接收方持有发送方身份证明；第三，认证和不可抵赖性是防御网络钓鱼和身份窃取的最基本手段。为了保护并保证电子商务交易双方相互信任，通常用数字签名或是数字证书来验证交易的发送者和交易时间，这样交易过后任何人无法再声称交易未经授权或交易无效。

4. 防御的策略和方法

网络安全，人人有责。一般来说，信息系统部门和安全软件供应商提供技术支持，管理者提供行政支持，同时以下这些安全策略也需要用户的配合。

(1) 电子商务防御计划和策略。制定一个多层次的电子商务安全策略是非常有效的。电子商务安全策略包括三个部分，即威慑、阻止和检测未经授权使用企业品牌、身份、网站、邮件、信息及其他资产，或是试图诈骗企业、企业客户和员工等行为。威慑措施是指可以迫使犯罪分子放弃攻击某个特定系统的想法的措施；阻止措施可以阻止未经授权用户侵入电子商务系统；检测措施可以检查入侵者是否正在或是已经试图侵入电子商务系统、有没有成功侵入、是否仍在破坏系统以及他们可能已经完成的操作。

(2) 确保信息安全。确保消费信息安全可靠是提升消费者使用体验的关键因素。电子商务安全的根本目标就是信息安全。信息安全就是信息系统里存储、处理、传输的数据未经授权不被访问或修改，保护正常授权用户服务不中断，以及进行各种必要的检测、记录和抵御威胁的措施。

(3) 进行相关处罚。安全防御的一个重要部分就是严惩抓获的犯罪分子。未来对此类案件的判罚会越来越严厉。

5. 事件后的恢复

一次安全侵入事件后，机构和个人都会进行恢复工作。机构在信息系统全面恢复之前，正常业务还不能中断，所以需要尽快恢复，这就需要制订一个业务持续和灾难恢复计划。

二、黑客的攻击方式

(一) 恶意代码

恶意软件是用于指代各种恶意的、侵入性的或是烦人的软件或程序代码的术语，其设计目的就是在未经用户同意甚至是在用户不知情的情况下，侵入或是破坏用户的计算机系统。

恶意软件并不以其特征来界定，而是看编程者是否怀有恶意。计算机病毒、蠕虫、特洛伊木马、隐藏程序、间谍软件、虚假广告软件、犯罪软件以及其他恶意的有害软件都属于恶意软件。

1. 病毒

病毒是一种软件代码，它把自己植入宿主甚至是操作系统中，当宿主程序运行时就会激活病毒。病毒有两个要素：一个是由一个传播机制来传播病毒；另一个是一旦病毒被触发就会带来一定影响。

(1) 带病毒的电子邮件。它会感染读取邮件的系统并传遍整个系统。

(2) 网络病毒。它可以通过那些未设置保护措施的端口侵入并危害整个系统。

(3) 基于网页的病毒。它会通过感染正在浏览它的系统来感染其他联网系统。

2. 蠕虫

和病毒不同的是，蠕虫的传播并不需要人类的帮助。蠕虫通过网络传播和感染电脑或移动设备，甚至通过即时消息传播。此外，病毒仅影响受到感染的计算机，而蠕虫有自我传播的特性，会影响整个网络的通信功能。蠕虫由多个部分构成，包括一个攻击弹头、一个传播引擎、一个有效载荷、一个目标选择机制和一个扫描引擎。攻击弹头就是一些会寻找已经知道的漏洞并进行攻击的代码。大量的蠕虫已经充斥着整个互联网。

3. 宏病毒和宏蠕虫

当打开包含宏模块的应用程序或是执行某个特定的程序时，潜在的宏病毒就会被触发。因为蠕虫传播的速度远快于病毒，所以企业需要积极跟踪新的安全漏洞，并安装相应补丁文件进行修复，以预防宏蠕虫传播。

4. 木马

木马是一种貌似有用的软件，实际上却隐藏着威胁计算机安全的程序。木马这一名称来源于希腊神话中的木马。传说在特洛伊战争期间，一匹腹中藏着希腊士兵的巨大木马被作为礼物献给雅典娜女神。特洛伊人把这匹木马拉进了城门后，藏着的希腊士兵打开城门，把希腊军队放进城，随后占领了城池并赢得胜利。

木马程序种类繁多，黑客用的是那些可以通过网络远程控制受感染电脑的木马程序。这种木马由服务器程序和客户端程序构成，在受感染的电脑上运行的程序就是服务器程序，黑客用于进行远程操控攻击的程序就是客户端程序。用户每次打开装了木马的计算机后，木马程序就会作为服务器程序自动运行，等待执行相关客户端发送的操作命令。黑客可以通过这种木马程序盗取用户名和密码、查看受感染电脑的相关信息、删除和上传文件等。

(二) 拒绝服务

拒绝服务(DOS)攻击是指以大量的服务或是登录请求针对某个网站服务器进行轰炸，使其崩溃或是无法及时做出回应。在一次 DOS 攻击中，攻击者通过特殊软件向目标计算机发送大量的数据包，目的就是使目标计算机超载运行。很多攻击者都依靠别的黑客编写的软件程序进行攻击，而不是自己亲自编写攻击程序，因为这些程序可以很方便地从网上免费下载。利用僵尸计算机发起攻击是一种常见的 DOS 攻击方法。

DOS 攻击很难阻止。所幸，由于近年来这种攻击已经司空见惯，网络安全界已经开发出了一系列抵御这些攻击的方法。

(三) 网络服务器和网页劫持

网页劫持通过制作一个热门网站的流氓拷贝来实现，所拷贝网站的内容和原网站基本类似。一旦有不知情的用户被引导登录了恶意网站，垃圾邮件发送者就可以运用这种技术获得更高的关键词排名，诱使更多人访问这个网站。

(四) 僵尸网络

攻击者利用大量受到劫持并被设置成自动匿名运行的网络计算机，转发包括垃圾邮件和病毒等在内的信息到其他网络计算机,受到感染的计算机就被称为计算机机器人或僵尸,僵尸主控机或僵尸牧民控制着这些僵尸计算机,这种僵尸计算机组成的网络就叫僵尸网络,它具有扫描并侵入其他计算机和发动 DOS 或其他攻击的能力。僵尸网络被用于发送垃圾邮件和欺诈，并以多种形式出现，可能是蠕虫，也可能是病毒。

(五) 恶意广告

恶意广告听起来像是一种很炫的虚拟游戏，其实它就是一种网络上的虚假广告，目的是引诱用户将恶意软件下载到计算机中。最常见的虚假广告就是用户不需要的安全软件，这些安全软件可能会危害计算机，这就是通常所说的"流氓安全软件"或"恐吓软件"。

总之，如果你收到一封恭喜你赢得一大笔金钱并告诉你"详情请看附件"的邮件，千万不要打开。

三、电子商务安全的防御策略

(一) 电子商务安全策略

电子商务安全策略基本框架描述了信息保障和控制的主要类型，涉及的主要领域是管理、财务、营销和运营。

1. 安全防御的目的

安全防御策略的主要目的有以下几个。

(1) 防御和威慑。良好的管理可以防止错误的发生，威慑试图攻击系统的犯罪分子。最好的手段就是拒绝一切未经授权的访问。

(2) 检测。攻击就像火灾一样，发现得越早，处理起来就越容易，造成的损失也就越小。在很多情况下，通过使用专用的诊断检测软件，就可以用很低的成本完成相关检测任务。

(3) 损害控制。损害控制的目的就是在发生故障的时候减小或控制损失。要实现这个目的就需要采取安装容错系统之类的措施。容错系统可以在系统彻底恢复之前，确保系统在低级模式下仍可以运行。如果没有容错系统，就必须快速恢复系统，因为用户总是希望他们的系统能够尽快恢复正常。

(4) 恢复。恢复计划就是要以最快速度恢复受到破坏的电子商务系统。快速恢复过程中，直接更换损失的部件往往比修复更加高效。

(5) 矫正。矫正那些造成系统破坏的因素，可以防止相关问题再次发生。

(6) 认识和遵守。所有员工都要接受相关的宣传教育，并严格遵守安全管理的法律法规。

2. 安全支出和需求之间的差距

信息安全管理中需要关注的一个重要问题就是，究竟需要付出多大代价来应对主要的安全威胁。由于电子商务面对的威胁不断发生变化，这个问题很难回答。也正是由于这个原因，许多企业难以准确预测它们面对的最主要威胁所需要的安全支出。

因此，在制定任何一个安全防御策略时，都需要先搞清楚以下几个问题。

① 当前最大的数据安全问题是什么？
② 当前面临的最大风险是什么？
③ 需要支出哪些费用？这些费用与风险是否匹配？
④ 安全管理工具方面的支出可以为我们带来什么样的收益？
⑤ 安全事件造成了什么样的损失？
⑥ 降低安全损害的最核心的安全技术是什么？
⑦ 接下来制定安全预算的主要原则是什么？

3. 安全需求评估

制定安全策略时另一项重要的工作就是要搞清楚当前的策略和应对方案中还有什么不足之处，这也是风险评估的一部分。评估的方法有很多，这里列出的是具有代表性的两种方法。

(1) 对电子商务系统进行漏洞评估。漏洞评估就是对系统中的漏洞进行查找、统计和认定。在电子商务中需要重点关注的是网络、数据库以及预防欺诈等。概括来说，能够影响业务的漏洞就是最为严重的信息安全漏洞。漏洞可能是由网络造成的，也有可能是由硬件或软件造成的。不管形成原因是什么，最终造成的结果就是数据丢失或性能下降。漏洞评估将决定安全防御机制的相关需求。

(2) 进行模拟渗透测试。这种测试就是模拟外部攻击，也称为"黑盒子"测试。而软件开发公司会进行一种内部的"白盒子"测试,对系统的硬件和软件进行细致的检查。

4. 渗透测试

渗透测试是一种通过模拟恶意攻击来评估计算机系统或是网络安全性的方法,测试过程包括主动分析系统的所有潜在漏洞和可能遭到的攻击。这种分析从潜在黑客的角度出发,分析黑客可能会利用的安全漏洞,将所发现的问题及对其影响的评估反馈给系统开发人员,同时还会提出相关技术性建议。渗透测试的目的就是检查系统遭到攻击的可能性,以及预估一旦遭到攻击将会对相关业务产生多大的影响。渗透测试是全面安全审核的一部分。

有多种方式和很多软件工具可以进行渗透评估,很多大学、咨询公司和网络安全公司都提供网络和计算机安全培训及相关信息。

5. 电子商务安全和生命周期管理

电子商务安全管理具有周期性,在整个生命周期中必须不断对电子商务安全需求进行评估,并做出相应的调整。电子商务安全管理计划涉及一系列保护企业财产安全的安全控制措施。

信息系统安全生命周期管理是指通过信息整合,在信息系统从概念设计、编程开发以及正式发布到结束使用整个生命周期中坚持安全管理理念,这需要完善的信息保障措施。

(二) 电子商务系统防御

电子商务系统防御可以分为以下五个方面。

(1) 计算机系统访问权限、数据流和电子商务交易的防护。此类防御主要包括访问权限控制、内容加密和公钥基础设施,主要保护企业的数据、应用程序和计算机设备。入侵者即使绕过了防火墙的访问权限控制,也要面对经过加密的防护措施。

(2) 电子商务网络保护。可以使用防火墙把企业网络与计算机和公共网络隔离开。为了使互联网访问更加安全,还可以使用私人虚拟网络。

(3) 普通权限、管理员权限和应用程序权限控制。这些都是通过建立向导和检测程序来保护计算机设备的安全策略。

(4) 社会工程和欺诈防护。如预防垃圾邮件、网络钓鱼和间谍软件。

(5) 灾难防备、业务连续性和风险管理。这些都是管理方面的内容,可以用软件辅助管理。

第二节　电子商务运营管理

一、电子商务运营管理

运营管理十分重要,因为它在人们的日常生活中无处不在。任何企业的运营管理,最终都是通过"输入－转换－输出"这一过程完成生产、交付产品及服务的。输入到运营管理中的各类资源，都是需要转换的资源，如各类信息资源、客户资源、调研对象等。经过运营管理各个环节的转换，各类资源会通过改变其原有的属性，来完成最终的产品及服务的生产、交付。而大多数的输出，并不是单一的产品或服务，而是产品与服务的组合体。

(一) 电子商务运营管理创新

电子商务是企业通过电信网络进行的生产、营销、销售和流通等活动。它不仅包括基于互联网的交易，还包括所有利用电子信息技术解决问题、降低成本、增加价值和创造新机会的活动。作为网络化经济时代的新型经济模式，电子商务的实施推广将改变传统的生产业。在全球竞争中要想取得一席之地，企业必须进行创新。创新主要包括组织架构、管理思想及企业战略三个方面。

1. 组织架构创新

组织架构是实现企业战略目标的基础保证，只有调整好企业的组织架构，理顺部门之间、部门内部的关系，明晰权责，才能为下一步的流程设计、绩效考核激励体系打下基础。科学的组织架构不仅能保证企业高效运作，也能避免员工在事务性工作上被消耗大量精力。为适应电子商务发展及应用，新型企业组织架构——脊椎型组织结构应运而生，它以企业目标为基本目的，以基本业务流程为中心进行设计，最大限度地保证了企业运转灵活、稳定。

2. 管理思想创新

管理思想是企业进行经营活动的指导思想，是企业管理创新的灵魂。企业的生存与发展依赖于企业管理思想的不断发展创新，企业管理者要勇于打破传统思想的壁垒，乐于接受新事物，勇于面对新问题，才能够发现发展的本质，在市场竞争中立于不败之地。

3. 企业战略创新

电子商务迅速发展，知识经济兴起，世界经济一体化进程加快，企业必须及时创新企业发展战略，才能在激烈的全球市场竞争中拥有一席之地。

(二) 企业信息化与电子商务

企业信息化是电子商务的基础，电子商务又是企业信息化的"助推器"。大力发展电子商务，推进企业信息化进程，支持企业运用现代信息网络技术开展国际合作和交流，是实现我国经济结构战略性调整的关键，对提高国民经济和社会总体水平也必将产生深远的影响。

1. 企业信息化是实施电子商务的基础

在信息经济环境中，企业围绕着信息组织生产，首先要有获得信息的技术手段。在信息技术的支撑下，企业可以清楚地知道现实的市场需求在什么地方，需要什么产品，需要多少产品。企业信息化不是在现行的业务流程中增设一套并行的信息流程，而是要按照现代企业制度的要求，适应市场竞争的外部环境，对企业业务流程进行重组和优化，并利用现代信息技术支撑商业运作。电子商务的实质并不是通过网络购买东西，而是利用 Internet 技术，彻底改变传统的商业运作模式。电子商务将会帮助企业极大地降低成本、节约开支、提高运作效率，更好地服务于客户。对于企业来说，电子商务是一种业务转型，真正的电子商务是使企业得以从事在物理环境中所不能从事的业务。

2. 电子商务是企业信息化建设的助推器

企业信息化建设的高成本导致电子商务的应用效果不佳，但事实上，电子商务有助于降低企业的成本，为企业节约资金，企业恰好就可以利用这笔资金作为企业信息化建设的投资。此外，由于电子商务的发展已形成一定的客户和信息基础，这些客户和信息又可以被企业信息化建设所利用，因此发展电子商务可以从各方面促进企业信息化进程。

(1) 通过外部竞争效益促进企业信息化建设。

(2) 通过电子商务交易标准化促进企业信息化的标准化。

(3) 电子商务的发展将通过"倒逼机制"促进网络安全的运行，从而为企业信息化建设提供安全保障。

(4) 电子商务的发展将在全社会培养一批相关人才，从而为企业信息化建设提供人才支持。

在电子商务的引领下，企业不仅把互联网作为通信工具，更是作为基础的信息环境，把企业的客户、供应商与企业内部处理三条线集成在一起。同时，由于网络的扩充性非常好，在企业成长过程中有比较好的基础平台支撑这种成长，企业可以以电子商务为基础进行转型，从而实现企业信息化。因此，电子商务是企业信息化建设的助推器，有助于企业尽快实现信息化，提高核心竞争力。

3. 企业信息化与电子商务相互制约

企业信息化的现有技术状况阻碍了电子商务的发展，同时电子商务的发展又给企业信息化建设带来许多难题。电子商务本身要靠企业信息化建设的深入来发展，而多数企业的信息化程度和水平都达不到标准，这已成为制约电子商务发展的重要因素。

另外，电子商务又肩负着推进企业信息化建设的重任，企业希望通过电子商务的发展促进企业信息化建设的开展。但是，由于电子商务与传统机构的经营模式有很大的区别，传统企业通过信息化开展电子商务，就必须依靠 IT 技术思想修改自身的组织构架、业务流程和经营策略。但传统企业在利用 IT 技术时，很容易依循工业化的思路，单纯追求 IT 技术的自动化应用，不但创造不出新的高绩效的流程来组织生产，反而会由于对 IT 的投资造成新的成本来源。企业投资增加，将影响企业信息化和电子商务的进一步推进。

电子商务之所以难以迅速地普及，就是因为企业缺乏这些完善的信息化环境。电子商务在实施过程中要求企业在人事、技术、资金等方面都达到一定的深度，这为企业信息化建设带来巨大的压力，发展电子商务的同时，企业信息化建设也将面临更大的挑战。

(三) 电子商务运营和管理综合能力评价

电子商务作为一种新型的交易方式,具有与传统交易不同的特点,它包括网上部分和线下物流配送等方面。运营和管理综合能力评价指标从全面性来考虑,应当涉及电子商务的整个运作过程,具体来说,包括信息能力、物流能力以及支付能力三个方面。

1. 信息能力

电子商务不同于传统的经营模式,它有一个网上信息交流的部分,其信息能力反映了电子商务的技术水平和管理水平。信息能力主要包括信息共享程度和诚信状况。

(1) 信息共享程度。电子商务是建立在信息技术基础之上的,信息共享的程度决定了电子商务运营的管理绩效与水平。

信息共享程度可以通过信息的时效性以及信息系统的先进性来评价。信息的时效性指供求信息的及时发布占总发布供求信息的百分比。供求信息的及时发布有利于企业和商家及时安排生产,也便于消费者及时满足购买需求,对电子商务的可靠性影响很大。信息系统是信息共享的硬件基础,是信息传递的工具,在很大程度上决定着信息传递的时效性、有效性和正确性,但是,信息软、硬件设备生命周期的短暂性也决定了信息系统更新的频繁性。我们可以采用一定时间内信息系统投入成本占总销售收入的百分比来评价信息系统的先进程度。

(2) 诚信状况。电子商务运营中的诚信状况主要可以从三个方面评价:虚假供求发布率、恶意退货率、信用度炒作率。

虚假供求信息的发布、恶意退货和诚信度的炒作严重影响了电子商务的运营和管理,增加了运营和管理的成本,电子商务运营商如何处理这些问题可以体现出其运营和管理的能力。虚假供求信息的发布率可以用无效、虚假的供求信息占总供求信息的比率来表示;恶意退货率可以用恶意退货发生的次数占总退货次数的比率来计算;诚信度炒作率可以用诚信度炒作发生的频率来表示,比如一个月发生几次诚信度炒作事件。

2. 物流能力

物流能力主要包括交货的可靠性和服务质量两个方面。

交货的可靠性可以用交货准确率、交货及时率和交货有效率三个指标来表示。交货准确率要求销售商把品种和数量都正确的货物送到顾客的手中,交货的准确性必须满足3个条件:准确的产品、准确的数量和准确的地点。因此交货准确率即正确品种、数量和地点的交货次数占总交货次数的百分比。交货及时率要求第三方物流企业能够在正确的时间把产品送到目的地。该比率可以用准时交货次数占总交货次数的百分比来表示。交货有效率主要要求第三方物流企业能够保证产品在交货中的过程完好无损。交货有效率可以用有效交货次数占总交货次数的百分比表示。

物流的服务质量可以用顾客满意度和顾客投诉率评价。客户的满意度直接体现了消费者的购物体验,顾客的投诉率同样也会影响电子商务的信誉,阻碍电子商务的进一步发展。

因此，在物流环节，电子商务运营商应当与物流配送企业联合起来，提高顾客的满意度和降低顾客的投诉率。

3. 支付能力

支付能力主要以支付的安全性和快捷性评价。消费者网上购物时，在支付方式上追求快捷的同时也要保证支付的安全性。支付能力作为电子商务的一个重要组成部分，其支付方式的快捷性和安全性方面也能反映电子商务运营和管理的能力。

二、中小企业电子商务运营的基本模式与管理

电子商务的出现，让中小企业看到曙光，其低廉的交易成本、简单的贸易流程、超越时空的新型经营模式以及由此带来的可观利润，使中小企业可以避开大企业之锋芒，错位经营发展，走独特的竞争取胜之路。

为避免走弯路，我国中小企业应在借鉴大企业及发达国家实施电子商务运营模式先进经验的基础上，立足于企业自身特色和实际情况，有效结合业务流程，围绕增强企业核心竞争力和获利能力，确立实施电子商务运营模式的策略，制定出一套适合自己的完整的电子商务运营模式实施方案。在具体实施过程中，要有正确的心态，牢记电子化只是企业追求利益的手段，商务才是真正的目的，应注意成本控制、风险预测和管理。

(一) 中小企业电子商务运营的基本模式

1. 专业化电子商务应用模式 ASP

简单来说，ASP(Application Service Provider)就是企业(用户)将整个信息系统的建设、维护等外包，按时按量付租金就可使用该信息系统。此种模式对资金有限、人才缺乏、处于成长初期的中小企业尤其适用，大大提高了中小企业的运作效率。

2. 第三方电子商务平台模式

此种模式的实质就是依托第三方提供的公共平台，利用电子商务系统，为企业、商家搭建公共、公平的交流平台，进行综合性的信息发布和网上交易。为保证交易的安全性，控制一些不确定的风险，此模式还包含电子认证和电子公证服务，可以弥补中小企业在资金和技术方面的不足。

3. 企业协作平台模式

这种模式类似于常说的"群"，即把属于同一行业的企业通过电子商务联合起来，按照兴趣和目标的不同，分为不同的群组，对应不同的业务，提供各不相同的服务。当然群组内部及群组之间都在同一平台上，可以直接通信，从而实现信息共享、战略协作、同步运行，但这样也容易加剧同行竞争。

4. 电子采购模式

企业运营中有采购、加工、销售三大环节，在加工和销售不变的情况下，采购花费的

成本降低，其所降低的费用就会转化为利润。在线采购便宜快捷，周期也短，过程成本得以有效降低，这对中小企业来说具有举足轻重的作用。

(二) 中小企业电子商务运营模式的管理

影响中小企业电子商务运营模式的因素包括企业自身发展的目标和方向、企业的资金状况、成本及收益、网络交易的安全性及信息流等。企业推进电子商务拓展业务需要结合实际，分阶段进行。

1. 起步阶段

起步阶段的任务主要是信息共享、电子邮件传递、查询和发布供求信息、企业及企业产品的形象宣传等。发展较好的企业可以借助第三方交易平台，如阿里巴巴等，在短时间内掌握电子商务交易操作技巧。

2. 成长阶段

中小企业经过第一阶段适应期后，信息管理也逐步走上正轨，生产经营、物流、资金流由计算机全程控制，并且有的企业专注个性化发展，开始做自己的网站，提升顾客满意度。

3. 成熟阶段

中小企业内部、外部都具备了一体化网络信息的传输及处理能力，还可以根据客户需求提供个性化服务，并且对资源进行整合，减少投入费用，全面提升综合能力。

4. 整合运行阶段

这一阶段要在组织、管理及业务流程基础上，对电子商务系统进行调整，改变其中不适应企业发展的部分，对资金、信息、物流等全部实行动态化信息处理和整合，使其贯穿于管理全过程。

三、电子商务运营模式的优劣分析

随着经济的快速发展和社会的加速进步，电子商务这一运营模式应运而生，这一运营模式实现了实体交易与互联网交易的有机融合与统一，在方便人们的生活等诸多方面发挥着重要的作用。电子商务的诞生与发展固然令人欣喜，但发展的同时也存在许多的弊端和缺陷，这些缺点是不容忽视的。要想促进电子商务的持续和长期发展，必须花费更多的人力、物力与财力对电子商务运营模式进行深入的研究，着重解决其发展过程中存在的弊端，尽可能避免这一行业发展过程中恶性竞争的出现。接下来对几种重要的电子商务运营模式进行分析。

(一) B2C 运营模式

B2C 运营模式无疑方便了顾客消费，消费者不必跑到实体店去就能购买自己所需的产品，极大地节省了时间和精力，而同时企业也节省了分销商、渠道商等成本，使商品的价格得以降低。对于顾客来说，其最为关注的无疑就是产品的价格，而为了获取价格优势，许多企业开始打价格战，进而导致企业虚构原价等现象的出现，最终给消费者带来损失。

(二) B2B 运营模式

B2B 运营模式发展至今已经达到了相对成熟的地步，但与此同时也导致一个问题的出现，即这种运营模式过分看重线上的交易，而完全忽略了线下交易，同时也不注重对线上交易和线下交易的融合。虽然线上交易具备节省成本、操作流程简单的优势，但是如果不能使其和线下交易相结合，将会使企业的经营效果大打折扣，所以不要人为地割裂开二者的关系，而是要强化两者之间的联系，发挥二者相互促进的作用，使其共同致力于企业的运营和发展。例如应该花费更多的时间和精力对物流强化管理，弥补物流工作中的漏洞、缺陷和不足。

(三) C2C 运营模式

C2C 运营模式的主要优点是较为灵活，但这同时也是其软肋。C2C 运营模式提高了质量控制的难度，网店销售假货的现象屡见不鲜并且屡禁不止。所以要想保证各大生产厂商的长远健康发展，首先要对商品的质量问题予以高度的重视，并出台质量控制措施，依靠超高的产品质量增强厂商的竞争力。为了保证电子商务平台上的产品具有较高的质量，应该提高产品准入门槛，对产品进行仔细审核，只有确保质量合格才能允许其进入电子商务平台。

(四) C2B 运营模式

无论是什么商业类型，要想谋求持续的发展都必须最大可能地满足消费者的需求，因为消费者目前是市场的主体，只有在分析出消费者心理和实际需求的情况下才能设计出具有销售市场的产品，因此 C2B 运营模式要不断地深化以人为本的销售理念。但同时如果存在产能不足的问题，将阻碍企业的发展，所以企业应该着力提高生产力，将先进的科学技术转化为生产力，满足消费者对产品质量和数量的需求。

电子商务运营方式的具体流程主要体现在基础平台建设、机构认证、营销推广和运营支持等方面。企业应从基础平台建设开始，层层搭建起完整的运营方式。当基础架构准备好之后，要寻求电子商务的机构认证，也就是办理类似于网上开店的一系列手续。一旦企业的电子商务得到了合法的机构认证，便可以进行下一步——运营支持。运营支持包括：支付风险控制，即对用户网站浏览行为、购买及注册信息、支付网关反馈信息、欺诈黑名单和风险模式识别等多方面的数据进行分析；多语种客服支持，即集成实时语音实用软件 24 小时在线多种语言客服、呼叫服务等；境外物流仓储支持，即检验、称重、物流单据打印、拍照、跟单号采集、发货统计及在线反馈、船运货代服务、欧美仓储及当地物流分发中转物流统计以及跟踪系统等；确定涉外法律顾问、进行不定期法律培训、代理涉外诉讼、应诉、制定知识产权管理制度及战略方案等以及外贸电子商务培训，即网络营销、外贸网上支付、E-mail 营销等。

四、中小企业电子商务运营管理模式选择

现代经济的快速增长、信息技术的进步和电子商务的不断发展，给中小企业带来了新的机遇，使其降低了成本，增强了企业竞争力。但中小企业基础设施差、技术人员缺乏等因素制约了其电子商务的发展。因此，中小企业要想在激烈的市场竞争中获得更好的发展，必须选择适合自己的电子商务运营管理模式。主要的电子商务运营管理模式有以下两种。

(一) 电子商务代运营

1. 电子商务代运营及现状

电子商务代运营是指为企业提供全托式电子商务服务的一种服务模式。代运营帮助企业全程运营电子商务业务。电子商务代运营服务内容包括店铺运营、电子商务渠道规划、建站、产品上架、营销、客服、IT、仓储、物流、财务结算等运营衍生业务。作为传统企业与电子商务之间的桥梁，电子商务代运营服务企业不仅可以为传统企业解决人才问题，还能帮助传统企业快速建立网络营销渠道，树立企业在网上的品牌形象，降低运营风险和成本，满足企业初期对拓展电子商务战略的需求。

2. 电子商务代运营的优势

(1) 提升企业品牌形象。具体包括：

① 建立在目标消费者需求的基础上，迎合了消费者的利益，引发消费者的兴趣和关注。

② 有明确目的性的传播，给目标消费者留下深刻的印象。

③ 与目标消费者的双向沟通，增强了消费者对企业价值和品牌的认同。

④ 与目标消费者关系的建立，巩固了企业的品牌形象。

(2) 节约经营成本。代运营的技术优势和整合营销能力，使企业的各种资源得到了有效的整合和优化，从而减少了企业生产和流通的成本，特别是在人力资源和执行效率上，更加有效地降低了营销成本。

(3) 提高企业利润能力。具体包括：

① 企业经营成本的节约，提高了企业的利润能力。

② 企业与消费者关系的建立和品牌传播效果的增强，推动了企业的产品销售能力和服务水平的增进。

③ 消费者对产品、服务的重复消费，提高了企业的销售额，同时节约了传播和流通成本。

3. 如何实施电子商务代运营及要点分析

越来越多的传统企业试水电子商务，为电子商务外包行业提供了高速发展的动力。但电子商务并非真如外界所传的那样"门槛低，投入小"。下面介绍在做代运营之前企业需

要准备的一些事项。

(1) 正确合理定位。现在做电子商务的很多人进入电子商务行业代运营之前，只听说这一行能赚钱，能收提成，又能收服务费，简直是"一本万利"的生意。但大多数人都没想清楚一个问题：我自己的定位在哪？换一句话说，就是我要赚哪一部分钱。

做代运营要想好自己的定位，了解自己有哪种核心竞争力，你可以只做网络品牌规划，可以只做网络品牌装修，也可以只做客服外包，当然你也可能有实力做全部的外包服务。但定位也不是一成不变的，在做的过程中可以不断调整。

(2) 准备好成功的案例。没有一个公司希望"把钱丢到水里"，所以找合作的公司都是十分谨慎的。没有一个成功的案例，很难说服别人把钱交给你去运营。如果你有几个成功的案例，并加上客户对你公司的评价，那就很容易得到传统企业的信任。如果你没有案例，也可以与一些有野心的中小企业合作，免费给他们做，与他们共同成长。

(3) 足够的资金支持。代运营公司需要多少起步资金？很多人看到报纸上的介绍，十万元就能开始运作，但这并不准确。实际上这完全取决于你自己的团队。一般一个小的运营团队，应该是由一个美工、两个推广专员、一个文案、两个客服，再加上一个项目负责人，也就是一共7人组成的团队。你可以先了解一下自己生活圈的员工工资水平，就能够预算一下大致需要多少费用了。

(4) 人才储备。事业都是人做出来的，所以人才最重要。在一个代运营公司内最重要的是经理，他必须要了解整个公司的服务项目，懂一点管理，会一点谈判，能沟通，善交际。除了经理，对于创业初期的电子商务代运营公司来说，重要的还有美工。一个好的美工，工资是很高的。电子商务最重要的是形象，你的文案可以东拼西凑，促销活动可以照搬别人的，但没有一个好美工，你会在首页把顾客赶跑。总之，找到优秀的人才，是代运营公司的重中之重。

(5) 产品选择。产品选择上，要选择以下四种：

① 高毛利润的产品。

② 使用率高的产品。

③ 小行业或细分市场的产品。

④ 品牌敏感度低的产品。

(6) 服务合同保障。合同是一种责任，也是达成商业合作的基础。准备签订的合同，一定要经过法律专业人士的过目，避免产生不必要的纠纷。很多代运营公司，在合同里没有指明物流费用由谁承担，促销费用由谁承担，提成是哪一部分的提成，回款方式是什么等。此外，一定要了解商城运营细则。

(7) 标准化的执行。标准化是让客户信任的第二个途径。当你把制作精美的文案传给客户，他看到了标准的格式，正规的页眉页脚时，会提高对你的公司的印象分。

(8) 适合的营销方法。营销决定是一个公司能否成功、能有多成功的重要部分。营销方法是不断尝试出来的，而在没有营销能力、策划能力时，用心做服务，用心做好客户体验，一步一步，循序渐进，是一条最稳健的路。

(二) 电子商务自运营

自运营就是对企业经营过程的计划、组织、实施和控制，是与产品生产和服务创造密切相关的各项管理工作的总称。运营工作要求该岗位员工具备营销、产品、客服、供应链等比较全面的知识体系。就具体的运营岗位来看，这是一个团队的核心人物，负责发展战略的制定和协调。

1. 做好运营的要素

一家企业要想做好运营，至少做好以下五点。

(1) 准确的市场定位。运营的首要要素就是准确的市场定位。简单来说包括两个方面：第一，"是什么"，即每一个机构在社会上存在的价值和核心意义。核心价值就是能够提供"有特殊性的产品和服务"。第二，"客户群"，定位和客户群是紧密联系在一起的，在目标细分越来越清晰的情况下，每一个企业都要有一个清晰的定位。

(2) 优秀的运营团队。运营的第二个要素就是优秀的团队。任何一种定位和服务，都是靠团队实现的。优秀的团队应该具备什么样的特点呢？第一，要有共同的目标。第二，要有使命感和奉献精神。第三，要有不断学习的精神。第四，要有不断创新的精神。第五，要有执行力。

(3) 清晰的组织架构。运营的第三个要素就是要有好的组织架构。组织如同建筑一样，需要有一个清晰的"骨架"，这是物理结构和人类社会结构的共性。因为团队不是几个人，有可能是成百成千甚至上万人，这么多人怎么黏合呢，一定要有一个结构。

(4) 标准化的管理制度。标准化是运营的又一个重要因素。建立标准化的管理制度，就是依照一个正确的业务流程和正确的组织结构，来界定标准化的每一个操作环节。

(5) 良好的产品。最后一点就是良好的产品，这是实现运营效果的基础。除了前面提及的那些因素，好的产品是基石，必须要根据客户的需求和条件做设计。

2. 优秀运营的必备素质

成功的运营必须能很好地满足大众需要，这和"好坏"无关。格局高的运营能看到市场，格局更高的运营可以看到未来的市场，没有格局的运营只能看到老板。一个优秀的运营应该在以下几个方面具备一定的能力。

(1) 用户数据分析。运营需要对数据具有敏感性。在互联网上，任何举措和方案最终都要用数据说话。显示率、点击率、转换率，这三个数据是必须要去了解的，每天要去看的。并且要分析为什么显示率高而点击率少，为什么转换率不如别人，从数据上你可以了解自身和分析竞争对手。其实各个公司都有自身的数据平台，其余的数据必须由运营自己来采集，如内部 ERP 的流转时间、客服每天的接单数据以及成功率、客户投诉率等。这些就需要运营自身采集之后做成 Excel 表格走势图以做内部分析。

当然财务报表也是最重要的数据体现。做运营管理的至少要懂得基本的财务知识，才能把控成本和节奏。一个好的运营，对数据是非常清楚的。

(2) 产品和行业。运营人员要对产品有非常深刻的了解，包括产品到底怎么生产的，在设计产品的时候应该注意什么，未来产品的走势如何，企业的文化是怎样的，都必须非常了解。

做产品其实是做卖点。市场上同类产品那么多，你的卖点是什么？哪些竞争对手做的产品和你一样？原材料从哪里来的？一个电子商务运营的负责人如果不了解这些，就无法持续实现好的业绩并取得好的效果。

(3) 站内运营。站内运营以活动为主，内容为辅，无论是天猫还是传统的互联网平台都需要活动运营，最简单的就是跟着节日走。很多天猫店就是不断地组合产品，随后来促销。但是店铺真的只是卖产品吗？其实卖产品的运营只是初级运营，好一些的运营还要销售文化和知识理念，告诉客户如何选择，如何找到最适合他的产品。要懂得运用专业知识和理念，让客户成为店铺的粉丝。这样无论价格如何变动，这些客户都是产品的死忠粉。

(4) 站外运营。单纯的互联网公司在产品开发之后第一个要做的就是引流。引流的方式就是商务合作。例如，支付宝的合作就是和各个行业进行合作：和便利店合作、和大卖场合作、和学校合作等。互联网公司的做法就是寻找有流量的合作对象并与之合作，把流量吸引到自身平台上来，这也是运营需要做的工作。

(5) 管理把控。一个团队无论是 3 个人、30 个人还是 300 个人，都必须严密整合、高效运作。运营就是整个体系的把控核心。从客服的 FAQ 到仓储库存 ERP，再到设计美工，都必须制定出季度、月、周的目标和方案。运营制度要落实到每个人身上，随后用数据统计分析进展。运营要做到目标明确，执行到位，协同作战，有大局意识。

(6) 战略眼光和市场敏锐度。一个天猫店在天猫上生存，必须有自身的策略，才能从成千上万家企业中突围。无论是跟着别人卖，还是和别人拼价格，抑或是做差异化产品，从外部到内部都必须要制定出一套适合自身的运作方式。

说到战略眼光，就要提前想到产品的未来趋势，以及大环境走向，这些是运营需要考虑的问题。市场是瞬息万变的，运营质量很难以标准化衡量，关键在于运营思想和各个环节的整合执行到位。

五、电子商务运营管理的现状及对策

(一) 电子商务运营管理的现状

1. 管理方法不成熟

目前，电子商务运营中存在的主要问题是管理方法不成熟。一方面，电子商务作为一种新兴的商务发展方式，还没有真正深入各个商业领域，因而其管理还远未成熟；另一方面，很多企业的电子商务发展还处在起步阶段，因而很多规章制度还没有建立起来，特别是管理体制尚需要经过长期的实践才能形成。正是由于管理方法不成熟，电子商务的运营才难以高效实现，这是当前需要解决的重要问题。

2. 运营模式不合理

电子商务的运营模式是极具变化且异常丰富的。对于大多数企业来说，电子商务的运营模式主要是 B2B 和 B2C。很多企业往往以一种陈旧的观念看待电子商务的发展，认为商业机构之间和商业机构与消费者之间才需要使用电子商务，而没有意识到市场经济主体的多元化。政府部门和三大产业的经济主体都是电子商务可以渗透的对象，电子商务要借助网络的力量将各经济利益主体以一种合理化的方式连接起来，以达到共同发展的目的。所以，企业一定要看清形势，积极寻求更好的电子商务运营模式。

3. 缺乏运营管理创新

电子商务的运营范围非常广泛且具有相当的复杂性，这就加大了其运营管理的难度。很多人拘泥于现有的管理体制，没有创新。这主要体现在以下几个方面：首先，很多企业没有利用先进的计算机技术进行自动化管理方面的尝试，在一些基础业务中依旧是依靠低效率的人工管理模式；其次，电子商务依托于网络往往需要召开一些重要的电子会议或进行消息交流，可是相当多的企业在时效性和保密性方面做得不够好，这也是因为在技术和管理创新方面没有突破造成的；最后，电子商务应该融合到企业商务的各个方面以实现整体效能的发挥，可是很多企业在运用电子商务时却和很多业务割裂开了，这就使管理上存在诸多漏洞。

(二) 提高电子商务运营管理水平的方法

1. 加强管理方法研究

提高电子商务运营管理水平，要从加强管理方法研究方面着手。为此，应该从以下几个方面积极采取措施：首先，要在企业内部加快电子商务的推行并结合企业的特点和经营业务的方向制定比较行之有效的管理方法；其次，企业的研究人员应该借鉴其他同行的经验，在管理方法上进行创新，要以商务法规为依据，在企业内部进行新管理方案的尝试；最后，电子商务运营管理一定要做好保密工作，安全性是商务活动的首要前提。除此之外，企业管理人员要更新管理思路，通过对企业内部制度和商务活动原则的适当调整来实现管理的合理化。

2. 改进运营模式

针对电子商务运营模式不合理的问题，要根据企业自身状况选择合理的运营模式。首先，对于大多数企业来说，要开拓市场肯定要使用 B2B 和 B2C 这两种比较常见的模式，集中精力发展这部分市场，明确企业发展战略以赢得市场主动权。其次，电子商务具有高时效且不受地域空间限制的优点，这就为跨国企业间的商务贸易提供了极大的便利，通过网络，企业间的联系可以更加频繁，并更易增加对行业形势的了解，这也可以使企业立足于国内而走国外拓展的运营模式。最后，作为现代企业，发展商务贸易还应该在动态的市场中寻找稳定的资金和商品来源，还要解决信息资源收集和市场开发等问题，这就要求企业建立一种多方互动、资源信息共享的机制并在最短的时间内找到解决问题的最佳方案。只有通过这些措施才能使电子商务的运营模式更加符合企业的发展需要，才更加能够推动现代商务贸易的发展。

3. 培养创新能力积极实践

电子商务管理缺乏创新，使得电子商务的功能未能在商务贸易中取得较大的发展，所以企业应该要利用自身的各种优势进行管理方案的创新并积极实践，以推动电子商务的快速发展。为此，应该从以下几个方面积极采取措施：首先，企业管理者应该认识到电子商务的管理在某些方面可以进行自动化，以便节约部分人力资源；其次，企业为了实现电子商务在区域贸易中的协调发展，可以依托网络召开一些重要的电子会议进行信息交流，在这个过程中企业应该充分利用网络技术创新，引进一些保密性、安全性较好的信息交流平台和资源数据库，为企业的发展提供安全可靠的服务；最后，企业管理者应该逐步将电子商务融合到企业商务的各个方面以实现整体效能的发挥，通过统一协调的商务活动实现管理上的统一。当然在做好这些后还应该在实践中不断检验，只有这样才能促进企业电子商务的完善和发展。

总之，积极研究电子商务运营管理是推动我国企业贸易发展的需要，也是促进我国企业向现代企业过渡的一个必然选择。在现代商业贸易竞争日趋激烈的今天，只有充分把握当前时机进行电子商务运营管理改革，才能为企业的进一步发展奠定坚实的基础。虽然这个过程充满挑战，但相信在有关人员的共同努力之下，未来一定能取得巨大的进步。

第八章 "互联网+"背景下电子商务市场营销模式的创新

第一节 搜索引擎营销

一、搜索引擎营销的定义

搜索引擎营销(Search Engine Marketing)，英文缩写 SEM，是基于用户对搜索引擎的使用模式，借助用户对信息检索的契机，尽量向目标用户传达营销信息。通俗来讲，搜索引擎营销是以搜索引擎为平台，借助人们对搜索引擎的依赖和使用习惯，在人们进行信息检索时将营销信息传递给目标客户。这种以互联网作为载体的网络营销形式，在国外已经得到了非常广泛的应用，而在国内却处在起步阶段。随着网络技术的发展与完善，搜索引擎广告逐渐成为一种重要的网络营销手段，越来越受到企业重视，广泛应用于各个领域，效果显著。搜索引擎营销的基本思路就是使用户能找到信息并且通过点击访问网站或者网页来对所需的信息有更进一步的认识。搜索引擎营销所追求的性价比是：投入最少、从搜索引擎获得最多访问量、创造更多的商业价值。

二、搜索引擎营销的目标层次

搜索引擎营销的目标层次包含存在层、表现层、关注层和转化层。

(一) 存在层

存在层是指在主要的搜索引擎分类目录中获得被收录的机会，这是搜索引擎营销的基础。存在层的意义就是让网站尽可能多的网页被搜索引擎收录，即增强网页在搜索引擎中的可见性。

(二) 表现层

表现层是指不仅要被主要搜索引擎收录，还要排在比较靠前的位置。搜索引擎是用户获取信息的一个重要渠道，用户在搜索引擎上输入关键字，可以得到相应的页面信息排序，进而选择自己想要浏览的网页。搜索引擎会根据不同的类别进行分类检索，如，新闻类、娱乐类等，这样用户容易查找到自己所需要的信息。使用主要关键词进行检索时，若该站点在检索结果中的位置比较靠后，则需要利用关键词广告、竞价广告等形式作为补充手段来获得靠前的位置。

(三) 关注层

关注层是指提高网站的访问量。想要实现这一目标，需要从整体上对网站进行优化设计。

(四) 转化层

转化层是指能实现网站的最终收益。转化层是前面三个目标层次的进一步提升，在搜索引擎营销中属于战略层次的目标。

三、搜索引擎营销的创新形式

(一) 搜索引擎登录

搜索引擎登录是指企业将自己的网站向搜索引擎提交，若符合搜索引擎收录标准，将会被搜索引擎自动收录。

(二) 搜索引擎优化

搜索引擎优化是指为提高网站流量、提升网站销售和品牌建设，遵循搜索引擎自然排名机制，对网站内部和外部调整优化，使关键词在搜索引擎中自然排名靠前的过程。

(三) 竞价排名

竞价排名是指网站在搜索引擎中以付费方式取得名次，支付的费用越高，名次越靠前，使用 CPC 的方式计费(Cost Per Click，以点击收费)。搜索引擎通过对每一次点击进行价格调整来控制在具体关键字搜索结果上的排序，并且可通过设置不同关键词来抓取不同种类的目标访问者。竞价排名已经成为互联网上最流行、应用最广的广告形式之一，也是最有效的网络营销手段和工具，已渗透到人们生活的方方面面。在国内，竞价排名的发展历史很短，但发展速度很快，前景广阔，值得关注。竞价排名以百度推广为典型。

(四) 关键词广告

关键词广告是指显示在搜索结果页面的网站链接广告，按点击次数收取广告费，即采用 CPC 计费方式。

第二节 网络广告营销

一、网络广告概述

(一) 网络广告的定义

网络广告作为信息社会的产物，数字化特征是与生俱来的。由于网络广告多在万维网上发布，并以网页为载体，因此网络广告又被称为 Net AD(NerworkAdvertisement 或 Internet Advertising)。

网络广告也有广义和狭义之分。广义上，网络广告包括企业在互联网上发布的一切形式的信息，如企业的商品信息和企业自身的域名、网站等。狭义上，网络广告是指利用国际互联网这种载体发布的营利性的商业广告。网络广告是指商品经营者或服务提供者承担成本，以互联网作为传播媒介发布，拥有文字、声音、图像、动画等多媒体要素的传播，可以被上网者所视听并能交互式运行的一种商业信息传播形式。随着网络技术和电子商务的迅速发展，网络广告作为一种新的广告模式，越来越受到人们的关注。通常所说的网络广告都是狭义网络广告的总称。

(二) 网络广告的特点

网络广告采用多媒体技术，提供文字、声音、图像等综合性的信息服务，不仅能做到图文并茂，而且可以双向交流，使信息准确、快速、高效地传达给每一位用户。与传统媒体相比，网络广告的特点主要表现在以下几个方面。

1. 广泛的传播范围

除了互联网，无论哪种媒体都受到域的限制——报纸受发行区域限制、广播电视受频道覆盖范围限制。网络广告采用数字视频、音频、图片、动画、文字等数字信息技术，通过电脑显示屏(或其他电子显示设备)播放。这种数字化的广告信息形式丰富、容量大、表现力强，可以充分吸收电视、报刊等广告的艺术优势，如，在电子报刊、电子杂志、网上电视、网上广播发布的广告。只要有条件上网，就能让任何人随时随地接触到广告信息，这是别的广告媒体所不能做到的。

2. 丰富多样的广告形式

网络广告以高速信息通信和多媒体技术为基础，使用多媒体、超文本格式文件、Java语言，创造出图像、文字、声音、影像等多种形式，将产品的形状、用途、使用方法、价格、购买方法等信息展示在用户面前。

网络广告在尺寸上分为旗帜广告、按钮广告、巨型广告等；在技术上还可以采用动画、游戏等方式；在形式上可以表现为在线收听收看、试用、调查等。网络广告可以吸收各种传统媒体形式的精华，先进的技术手段和多样化的表现形式为广告创意提供了更为广阔的空间，从而达到传统媒体广告无法具有的效果。而且随着科学技术的发展，网络广告的形式将越来越复杂多样，这些都为网络广告吸引消费者的注意力、激发他们的购买欲望奠定了坚实的基础。

3. 清晰准确的定位和分类

与传统广告铺天盖地投放却收效甚微的单向传播模式相比，网络广告最大的特点就是能对广告对象进行精确的定向和分类。网络广告不仅可以面对所有互联网用户，还可以根据受众用户确定广告目标市场，并通过电子商务推荐系统，把用户感兴趣的、相关度高的产品一起推荐给目标受众，以增加企业网站或广告的黏性。这样就可以根据目标受众的需求，在适当的时候把适当的信息发送给适当的人，实现广告的定向，真正实现"一对一"的"软性"传播方式。

4. 灵活互动的信息传递

网络广告的信息传递有灵活的互动性，网络广告的互动性使人们通过广告信息和广告主页之间产生互动，从而不同程度地参与到广告活动中。

网络广告灵活互动的信息传递方式，改变了传统媒体广告的单向性弊端，使广告信息的发布者和接受者之间可以及时沟通。在互动过程中，广告受众可以自主选择和访问广告站点，向广告主询问广告内容，提出自己的意见，说明未满足的要求；广告主页则可以按照客户的要求对广告信息和产品服务进行补充和调整，更有效地满足顾客需求，从而实现企业的营销目标，实现以消费者为导向的营销方式。

(三) 网络广告的发展趋势

1. 网络广告与传统广告相互结合

网络视频广告作为结合了互联网广告和传统广告优势的典型代表，利用先进的数码技术，把传统视频广告整合到网络上，不再插播广告到视频当中，而是将广告做成独立的视频，使网络视频广告更加形象活泼，感官性更加丰富，易于打动受众，同时用户可以自己控制网络视频广告的播放。网络视频广告已经成为一种流行的广告类型，并逐渐向娱乐化方向发展。网络视频广告以其独特的表现形式吸引着众多网民的眼球，具有很强的互动性、娱乐性等特点，并且广告播放方式多样、内容形式多样、创意层出不穷、成本低、传播范围广。一般这类广告趣味性较强，在一定程度上会削弱商业气息，增加艺术元素和搞笑情节等，减少网民对单一广告的厌恶情绪，让人们开始积极观看这类广告。可以预见，网络视频广告在技术成熟的情况下，市场会越来越大，表现形式会越来越多。在当今互联网充斥广告、民众普遍产生厌恶和不信任心理的背景下，迫切需要新颖的广告形式，所以将互联网广告和传统广告结合起来，不断推出新形式广告，将成为未来互联网广告发展的主要潮流。

2. 更能满足用户需求

广告商发布网络广告时，会依据各类用户的不同需求选择性投放广告，而不会像以前一样一味地将全部广告都投放给大众，这样做既减少了网民对广告的厌恶情绪，又实现了精准定向投放。

目前网络广告以在线广告和实时竞价广告为主。为满足广告商的要求，对广告实现更好的传播和推广，并让目标人群更好地观看广告，在线广告应运而生。用户上网后会留下浏览的痕迹，而在线广告是通过跟踪用户在线行为来记录用户浏览过的内容，当用户事后浏览别的页面时，用户以前浏览过的内容或者与其有关的内容就会展示到页面中，这就实现了向有需求的用户发布定向广告的目的，这将使广告充分发挥有效作用。在线广告可以说是一种全新的广告表现形式。

3. 实时竞价广告模式

实时竞价广告模式是由相关企业跟踪分析用户浏览轨迹，以此预测、判断出用户的性别、兴趣爱好、年龄段和购买方向等信息，进而构建数据模型，最后在平台中发布准确的用户消费信息，需要针对特定类型用户发布广告的商户都会参与竞价。广告商依据广告所需受众对用户进行筛选，自身无须耗费太多人力和财力与媒体交流，只需参加竞价即可，竞价较高者即有资格向此类用户投放广告。这样广告商能击中潜在用户的概率会大大增加，减少资源浪费又避免因广告泛滥而导致人们的不满。2016 年阿里巴巴举办以"天猫推荐大赛"为主题的首届大数据竞赛。参赛者依据阿里巴巴所提供的使用者浏览记录，预测判断使用者的品牌偏好，进而为使用者推荐物品。2016 年的"双十一"期间，每一位用户都会点击天猫页面，但不同的参赛者为不同的用户推荐的物品也有所区分，比赛的广告效果会依据不同算法的销售量来确定。

4. 互动广告将成为主流

互动性是网络的显著特征，是网络广告和传统广告不同的最大优点，今后网络广告更加趋向于充分发挥网络互动性。如果受众对某个广告有兴趣，点进去便能知道更加细致和全面的资讯，还能通过网络进行选购，如今多表现为电商形式。研究发现，互动广告可以很好地满足受众的需求。限于当前计算机技术，互动性并未被充分挖掘出来，用户也未能真正获得全方位体验。今后随着科技的进步，互动性将变成更全面、更有意义的双向互动，互动广告将逐步成为主流。

二、网络广告营销的创新方式

网络广告也在不断创新，当前，已经实现了实实在在的产品促销和品牌推广。网络广告主要在以下几个方面有所创新。

(一) 网络广告技术创新

网络广告技术创新主要集中在广告网页流畅原则上。随着互联网时代的到来，传统媒体广告面临巨大的变化，网络广告以独特优势得到迅速推广和应用。网络广告飞速发展，网络带宽却是捉襟见肘。网络广告应考虑不同网络的传输能力，对广告设计也应采取简明而精确的准则，以免信息量太大导致网页下载缓慢，受众尚未看完广告就切换了页面，或者广告页面等待时间太长，受众不耐烦而关掉页面，致使无法达到预期的广告效果。目前，这种技术创新主要集中在 FLASH(网页动画设计软件)、各种视频压缩技术等方面。

(二) 网络广告策略创新

网络广告策略创新主要集中在广告和受众互动性原则上，使网络广告由简单硬广告向软件 PR(视频编辑软件)广告转变，由简单品牌广告向互动活动创意转变，增强互动优势。本书对互动模式进行分类和比较，并探索提出网络广告投放应该注意的问题和解决方法，主要包括以下几个方面：

第一，提供各种测验、竞猜和其他娱乐性的活动，不把广告内容直接表现出来，而把它们纳入活动内容中去，或者以商品作为活动报酬吸引受众，以增强广告的娱乐性和实际性，减轻受众的抵触心理，增强受众参与热情。

第二，用人情味十足的广告创意让受众产生共鸣，进而领略品牌精神内涵和产品设计理念。当今广告更多的是想打动受众，冲淡商业色彩，页面干净整洁，多以叙事文章、图片故事或者视频短片等形式来做宣传，在受众欣赏文字、电影之余植入商品及品牌等概念，这样的广告更具亲和力与传播力。而在网络技术高速发展的今天，上网已经成为人们日常生活中不可或缺的一部分。网络为广告提供了一个广阔的展示空间，也给广告商带来了新的挑战。广告形式发生着巨大的变化，表现形式更加丰富多彩、传播方式多样化、互动交流增多、信息传播快捷、信息量大；特别是在各种论坛、博客、微博的蓬勃发展下，网络广告传播者已由单一广告商向广告商起头、受众互传和平台广传混合模式转变。

总之，网络广告的目的并非彻底替代传统媒体，而是和传统媒体相结合，从而使广告更有效地发挥作用。相对电视广告具有的压迫力和报纸广告具有的高曝光度，网络广告更加侧重于逐步构建与受众和消费者紧密互动的关系。越来越多的公司在大力发展电子商务时，更加注重网络广告的同步拓展，通过创建企业网站，植入更有创新意义的网络广告，增强品牌影响力，强化企业服务，来实现和受众之间真正意义上的共赢。

第三节　电子邮件营销

一、电子邮件营销的定义

电子邮件营销(E-mail Direct Marketing，EDM)是在用户事先许可的情况下进行的，是以电子邮件形式将价值信息传送给目标用户的网络营销手段。电子邮件营销三要素分别是用户授权、通过电子邮件进行信息传递和信息对于用户来说具有价值。

二、电子邮件营销的分类

(一) 以电子邮件营销的功能为分类标准

以电子邮件营销的功能为分类标准，可将电子邮件营销分为顾客关系电子邮件营销、顾客服务电子邮件营销、在线调查电子邮件营销和产品促销电子邮件营销等。

(二) 以电子邮件地址的所有权为分类标准

以电子邮件地址的所有权为分类标准，可将电子邮件营销分为内部电子邮件营销和外部电子邮件营销，或称内部列表和外部列表。

内部列表是指利用网站的注册用户资料开展电子邮件营销。

外部列表是指利用专业服务商的用户电子邮件地址来开展电子邮件营销。

(三) 电子邮件营销的三大基础

开展电子邮件营销会面临三个基本问题，包括向哪些用户发送电子邮件、发送什么内容的电子邮件和如何发送这些电子邮件。这三个基本问题可被归纳为电子邮件营销的三大基础，即资源基础、内容基础和技术基础。

1. 资源基础

在保证用户是主动进入邮件列表的条件下，获取充足的用户电子邮件地址资源是电子邮件营销可以发挥作用的必要条件。

2. 内容基础

电子邮件的内容必须对用户有价值才能引起用户的关注，因此，电子邮件营销应注意在提供有价值信息的前提下才可附带一定数量的商业广告。

3. 技术基础

从技术层面确保用户可以流畅加入、退出邮件列表以及实现用户资料管理、发送邮件和效果跟踪等功能。

(四) 电子邮件营销的评价指标

1. 退信率

退信率是指没有送达的邮件所占的比例。退信率是评价列表质量的一个重要指标。

2. 开信率

开信率也称为浏览率，是指用户在收到信件后打开阅览的比率。

3. 点击率

点击率是指用户收到信件后点击其中的链接进入广告主要指定网页的比率。

4. 新顾客获得率

新顾客获得率是指收到信件的用户转化为公司新顾客的比率。该比率可被用来评价列表的质量和促销效果。

5. 退订率

退订率是指用户收到了邮件但是要求退订的比率。该比率可被用来评价营销信息的质量和发送的频率是否恰当。正常的退订率应该在 1%以下。

第四节　微　博　营　销

一、微博营销的定义

微博营销就是以微博为营销平台实行的营销活动或手段。商家通过持续更新微博，发布商家和产品信息，让粉丝们都能及时了解品牌商品动态，有利于塑造企业和产品的良好形象，增强营销效果。

二、微博营销的优点

(一) 操作简单，信息发布便捷

在微博上，人们可以发布 140 字左右的文字信息，即时分享随时随地发现的新鲜事。

(二) 互动性强

微博营销能通过筹划互动活动和粉丝进行即时的双向沟通来获取反馈信息。

(三) 低成本

微博营销中最常使用的方式就是"关注＋转发"抽奖，这是增加粉丝量与关注量最有效的方法之一。以转发来传播信息的营销模式不仅效果好，而且营销成本也比较低。

(四) 针对性强

只有关注微博的粉丝，才可以接收到微博最新发布的信息，从而使信息展示在目标受众面前。

三、微博营销的缺点

(一) 积累粉丝数量难

要想增强微博的传播效果，就必须拥有足够的粉丝数量，而人气正是微博营销之根本，具有很大难度。

(二) 信息需要及时更新

微博上的内容更新太快，发布的产品信息一旦得不到粉丝的及时关注，极有可能被其他海量的资讯淹没，所以信息需及时更新。

(三) 传播力是有限的

微博营销中的资讯只限于在资讯所处平台上传播，很难得到大量的转载。

第五节　微　信　营　销

一、微信

微信是腾讯公司在 2011 年 1 月 21 日发布的一款免费使用的智能终端即时通信应用，一经发布就以强大的社交网络功能吸引了越来越多的网民参与其中。随着用户数量的不断增加，微信在社会生活中扮演的角色也变得日益重要。如今微信已经成为一种不可缺少的信息交流平台，庞大的用户群体使微信具备了巨大的发展潜力。微信还为用户提供了公众平台，如朋友圈及消息推送；用户还能通过"摇一摇""搜索号码""附近的人""扫一扫"等加好友以及关注公众号平台。

二、微信营销

微信营销是区域定位营销，通过安卓系统或苹果系统的手机和电脑上的移动客户端进行各种营销推广。商户借助微信公众号来展示品牌的官网、进行会员专属推送及其他宣传活动，形成了一种线上与线下微信交互营销模式。

(一) 微信营销的特点

1. 点对点精准营销

微信用户群广泛，微信在移动终端有天然社交、位置定位等功能，一般消息均可通过平台进行推送，使每一位微信用户都有机会收到这条消息，进而助力商户进行点对点的精准化营销。

2. 形式灵活多样

企业开展微信营销时，可采用包括漂流瓶、位置签名、二维码、开放平台和公众平台在内的多种形式，提升宣传推广效果。

3. 强关系的机遇

微信点对点的产品形态，注定它能以互动方式把普通关系演变为强关系，进而创造出更多价值。

(二) 微信营销的形式

1. 漂流瓶

用户可以将一段语音或文字装进"瓶子"里，投入互联网的大海，被别的用户"捞"起来后就能得到回复，开始陌生人之间的缘分交谈。例如，招商银行就曾发起"爱心漂流瓶"的互动活动。

2. 位置签名

商户可使用免费广告位"用户签名档"进行推广宣传，周边微信用户在查看商户信息时，就能看到用户的签名档内容。

3. 二维码

用户可扫描识别商户的二维码添加商户为好友，并且关注商家的企业账号，公司则可为品牌设置二维码，以折扣、优惠券的方式引起用户的注意，积极推行 O2O 营销模式。

4. 开放平台

应用开发者可以通过微信开放平台访问第三方应用，也可以在微信附件栏内放置自己的 logo(企业标志)，便于用户在会话时调用第三方应用来选择和共享内容。应用开发者可通过微信公众号将应用推送给其他有需要的人使用，并获得一定数量的收益。同时，应用开发者也可以利用公众平台为企业提供新的产品服务，包括信息获取功能、分享功能、推广功能。例如，小红书用户可通过微信分享产品内容，扩大产品推广，然后达到口碑营销的目的。

5. 公众平台

微信公众平台中，人人都可创建属于自己的微信公众账户，通过微信平台与目标群体进行文字、图片、语音等方面的交流互动。

第六节　短视频营销

一、短视频和短视频营销的内涵

"媒介就是讯息"，人类的传播活动都要依赖媒介。随着网络技术的发展、新媒体平台的出现和信息传播方式的改变，各种新型传播媒介应运而生，并以独特优势在市场竞争中占据一席之地。其中，短视频作为一种新兴传播媒介受到越来越多的关注。短视频为企业实施短视频营销提供了依据基础，明确短视频和短视频营销传播概念有助于相应短视频营销的决策和推动营销活动。

(一) 短视频

短视频视频时长通常被限定在 1 分钟左右，生产门槛不高，信息呈现方式集文字、语音、视频于一体，有着娱乐化、碎片化等性质，迎合了用户在"读秒时代"的信息阅读习惯。主要传播特征是快速、立体、创造和分享的方式多元化、具有较强的社会互动性等。短视频这一传播形式的快速发展是外因和内因共同作用的产物。移动互联网技术、移动终端设备、快拍美化编辑技巧、大数据技术是短视频发展的外在支撑；营销场景的社交化、碎片化信息的消费习惯以及大众化与定制化的精准推送是短视频发展的内在逻辑。

(二) 短视频营销

新媒体时代下，伴随移动应用和视频社交应用的快速发展，短视频正在由简单的信息载体向异常火爆的网络化销售传播方式转变。短视频营销就是企业利用短视频这一传播载体，将产品信息传达给现有消费者和潜在消费者，并作用于受众认知、态度与行为，最终达到消费转化目的的一种营销路径。传统媒体时代，广告营销的重点是提高信息到达率和复现率，以加强受众的记忆点和品牌认知。新媒体时代，"以用户需求为导向"成为广告营销的基本原则，广告内容要符合受众心理诉求、注重情感沟通、提升互动体验；广告形式应满足受众个性化需求，突出个性表达；广告创意要创新求异、提高转化率、降低成本、扩大市场容量。在新媒体时代，短视频营销可以抓住产品和消费者之间的联系节点进行纵向深入和激励转化。在短视频平台的帮助下，商家能将互联网大数据融入其中，满足网民的观看习惯和偏好，做到精准推送、病毒式传播和高效率转化。

二、短视频营销的特点

短视频营销能绕过用户屏蔽而成为一种深受用户群体欢迎的营销方式，是建立在以下几大特征之上的。

(一) 移动客户端传播方式

有了移动互联网技术与智能终端技术加持的手机版应用，操作界面简洁，点赞与转发、评价与打赏功能应有尽有。基于这一背景，"直播带货"成为新型营销方式之一。自 2020 年初开始，全国各地陆续出现各类直播平台，并呈井喷式增长态势。以快手为首，抖音也不甘落后，迅速崛起，火爆异常。以抖音短视频为例，日活跃用户数于 2020 年 1 月 5 日已超过了 4 亿，截至 2023 年，抖音手机版应用软件用户数量已经超过十亿人。

(二) 内容生产简易化

近几年短视频应用软件功能得到持续优化,创作模式上的"零门槛"大大降低了生产成本,内容生产逐渐简易化。刚开始创作时,很多素人网红自己并没有视频拍摄和剪辑的基础,但是通过借助应用中的视频编辑功能,指尖轻滑即可轻松完成分镜头录制、植入缩放、插入 AR 等操作,还可以加入裂变等特效,简易的操作技巧使创作者对视频拍摄和剪辑逐渐游刃有余,移动短视频用户和内容创作者之间的关系日益紧密。老百姓可以随时使用应用软件进行视频拍摄、制作并在自己的账号中发布,只需勤于实践,接地气,视频也可以和专业设备拍出的效果媲美。这样受众也能参与创作的过程,由此形成多层次体验感。内容生产的简易化使视频生产主流变成用户自发生产、制作视频,大大推动了短视频创作在内容上的蓬勃发展。

(三) 碎片化传播

数秒至数分钟时长不等的短视频使记录和观看都变得更容易,可以满足人们在碎片化时间内的娱乐,满足现代人快节奏的信息阅览需求。从内容来看,短视频能够更好地激活价值链的长尾部分,短视频可以随时抓拍获取,更能贴近生活,反映真实场景。因此,短视频营销在未来几年将成为最主要的移动互联网传播模式之一。新媒体时代,移动互联网技术的应用极大地改变了人们的生活和工作方式,智能移动终端设备的普及也促进了各行各业营销阵地的转移。借助传播快、制作简便、碎片化传播、社交化分享等特点,移动短视频迅速赢得了大批的用户,成为当下最炙手可热的营销载体。进入网络整合营销时代,如何利用好短视频营销这一新兴推广渠道,深度挖掘移动市场庞大的流量池,实现快速变现,已然成为企业关注的焦点。

(四) 分享社交化

视频内容如果拥有高日常贴合度、高生活关联性,就极易产生粉丝效应,在粉丝自发分享的过程中,潜在消费群体不断累积。以抖音、快手为代表的移动短视频应用基本都支持微信、QQ 和其他社交软件账号一键登录,目的是方便转发、分享视频进行社交。

三、短视频营销的实践创新策略

(一) 持续优化良性内容生态

内容质量的高低是影响短视频传播效果的核心要素。随着移动互联网技术的进步,"网红经济"迅速兴起,并带动了相关产业快速成长。其中,以社交媒体为代表的短视频异军突起,成为最具代表性的新型传播媒介之一,但同时也带来诸多问题:乱象丛生、监管乏力。受利益驱动,短视频市场混乱,有些短视频创作者和社会主流价值观背道而驰,为了博眼球、蹭热度而不择手段,如利用剪辑、道具进行假吃播骗取流量。尽管政府监管部门的监管和纠偏对上述行为有一定打击作用，但是短视频行业的发展仍须依靠各个平台管理者、创作者、营销企业和其他主体共同努力，在发布良性内容、构建健康生态和产业发展导向等方面达成共识。这就要求创作者在创作过程中既要做到以内容为主，又要具有正确的价值观导向，提升自身媒体素质与创作技术，注重视频作品质量。平台主体层面要在探究中强化自身建设与约束，强化审核环节，严格把关视频内容，抵制恶俗视频。

(二) 垂直化的专业内容

短视频时代的内容制作成本低廉，每个拿起手机的人都可以是创作者。短视频内容可以满足人们碎片式观看需求，有较强的传播力和影响力，对传统媒体产生了巨大冲击。短视频在短时间内迅速崛起，成为新媒体中发展最快的一种，经济效益极为可观，市场前景广阔。然而，随着互联网信息产业的蓬勃发展，短视频内容也从泛娱乐化向专业内容垂直化发展，一个账号坚持产出同领域的专业内容，有利于吸引特定的受众。如果内容不垂直，就要结合用户的角度和自身的优势来做好账号的定位。因此，在这样的背景下，可以将内容分为两个大类：一是品牌推广类；二是个人情感表达类。这两种类型的内容有各自不同的传播特征和需求，前者侧重产品本身的信息发布；后者则侧重于用户体验。二者相辅相成，相得益彰。账号定位确定下来后，选题方向、脚本风格、拍摄手法、视频剪辑包装和留言区交互等板块的大概走向也随之明确下来。垂直化专业内容可以让关注它的用户在看到账号名称后，就对内容方向有一个大概的了解。因此，准确的定位可以为精准地进行个性化推荐、培养更多的忠实用户奠定良好的基础。

(三) 实现整合营销

尽管短视频坐拥千亿市场，并且凭借其娱乐行业号召力、流行风向感知力和热点内容生产力等优势在平台方面取得较为稳固的位置，但是强大的娱乐属性使得短视频营销无法在诸多营销渠道上占据权威地位。伴随着对已有市场用户的挖掘，短视频行业会对二、三线城市及二、三线以下的潜在区域进行激烈争夺。传统营销手段受到各种新型营销渠道的影响，已经无法满足顾客需求。无论何种营销手段在新媒体时代均很难确保实现区域全覆盖。在未来很长一段时间内，营销人都要深思，如何有效地利用各种营销渠道进行产品推广？如何能更好地为目标消费者服务？如何为企业提供个性化、定制化的产品服务？各类营销人员唯有将线上与线下渠道及营销资源进行融合，并且不断探索跨界合作的新途径，才有可能推动立体化、多渠道、人性化的营销传播并获取全面投资收益。

(四) 保护短视频版权

针对移动短视频软件在创作过程中所暴露出来的种种侵权问题，国内学者提出并探究了移动短视频的内容中是否受法律保护作品版权这一问题，得出的结论是：只要汇集了作者的睿智和情怀的作品都应该得到法律保护。移动短视频的创作热潮已经超越了现行法律版权保护的范围，所以我国有关法律和规章制度应该适时调整，明确行为主体间的责任并划定边界。对内容消费者而言，应该注重对自身合法权益的维护；对内容经营者而言，可以依托法律明确权利边界，依法履行相应义务；对内容创作者而言，应当提高自我保护意识和维权能力。最后，应完善相关法律法规体系，强化网络监管，加强执法力度。针对移动短视频行业盗版侵权问题，应该利用监管技术在平台管理和内容审核上强化治理，建立版权纷争的解决机制并加大对违法者的处罚。此外，还应该增强创作者的法律意识，使其满足自我表达的同时，发扬原创精神。

第七节 直 播 营 销

一、直播营销的界定

直播营销就是在直播过程中伴随着事件发生、发展的过程同步制作并播放节目，这种营销活动通过直播平台来提升企业的品牌效应、增加产品销售量。直播营销可以借助互联网技术使产品信息传播更为快速及时；能打破时间和空间限制，让用户随时随地进行消费互动。直播营销的主要特点是：第一，受众范围广泛；第二，互动性强；第三，效果显著，易推广；第四，成本低，效率高。作为在数字时代背景下产生的一种创新营销策略，直播营销符合传统营销的宗旨，那就是转变消费者对品牌的认知，激发消费者的购买欲。商家借助直播平台宣传造势，使用户的目光集中转向直播平台上，在特定时间范围内引起更大关注度，增强用户黏性，优化品牌形象，产生"粉丝效应"，继而达到营销的终极目标。

万达集团宣布进驻直播平台，表明直播营销已成为各大公司新时代营销的首选方式。万达集团联合直播平台不仅对自己发布会的现场进行直播，还将集团员工宿舍环境、食堂和其他内部环境呈现给了网友，全方位彰显万达企业文化。就以往而言，商家一般都会将微信和微博作为营销传播的主要渠道，以达到对外传播产品和服务信息的目的，而网络直播的产生给各大商家带来了更立体化的营销平台，改变了以微信、微博为主的图文传播方式。商家开始追求更直观、言简意赅而又别出心裁的营销模式，因此"直播营销"成了企业营销中的"黑马"。

二、直播营销的模式

互联网行业在不断进步，直播营销逐渐成为主流营销方式，网络直播平台凭借低门槛等优势，让每个人都拥有进行直播的权利和资格。商户可通过直播平台推广产品，商家可在直播平台上演示现场活动，平民能在网络直播中变成网红。在网络直播迅速盛行的今天，更多的行业如医疗、旅游等步入直播领域，网络直播在未来将迎来更广阔的空间。由于不少企业逐步认识到直播平台的优势，使网络直播平台渐渐变成企业竞争中的一个重要战场，营销模式会越来越有新意，类型也会更加多样。当前，我们大致可以把直播营销模式划分为五种类型。

(一)"明星"营销模式

大家都了解新媒体时代的"明星效应"有多强,特别是目前的直播已进入了全民直播的阶段,平民化舞台上大牌明星的加盟毫无疑问会引起观众粉丝们的关注,造成一系列轰动效应。明星因超强的传导能力与极高的关注度,会给品牌带来相当大的销量。李宇春现场选择欧莱雅冰晶粉口红妆效作为走戛纳红毯当天的妆造,短短几个小时,粉丝们就抢空了欧莱雅旗舰店里同款色号的口红。这一点足以证明用"明星"拉动品牌销量是非常有效的营销手段。

(二)现场营销模式

向观众直播展示活动现场的场景已经成为各大网站、企业和卫视的首选营销新形式。通过直播软件平台,商家可以举办产品发布会、演唱会、晚会和其他各类活动的现场直播,将活动全流程实时地展现在观众面前,大大提高受众参与度。与电视单向视频直播不同,这是融入度比较高的体验式直播营销模式。2017年9月,中国交通广播对"苏宁易购北京善行者公益徒步活动"进行现场直播,与看电视不同,观众可以全程观看现场的访谈、细节和整个拍摄过程中的花絮,主播和工作人员通过直播的方式,对现场参赛选手进行实时访谈,直播没有节目时长限制,能从最近的角度去拍摄现场中的事件情况,短短12分钟的现场直播,观众的查看点击量就达到了141.5万人次。全新的直播方式在给观众带来新颖体验的同时也加速了活动传播速度。

(三)企业形象宣传营销模式

在全民直播时代的大环境中,商家开始利用直播平台进行企业形象的创意宣传。有别于传统以营销企业的产品以及活动为主的形式,直播平台借助消费者对企业内部的窥私心理,通过直播企业内部工作环境、工作过程吸引消费者加入直播间,然后对企业内部形象进行深刻改观,理解深层次的企业内涵,最终实现企业品牌形象提升。与商家们精心策划包装的宣传大片相比,消费者倒是对商家的日常"隐私"更感兴趣;通过直播活动,消费者可以全面了解商家的制作、生产与销售流程,有利于全面展现企业品牌形象,吸引客户参与。例如,万达集团在花椒平台上开通了集团内部账号,专门进行直播,为客户展示不一样的企业文化。

(四)深互动营销模式

借助网络直播平台和大众构建更加紧密的社交联系,这就是直播营销存在的方式。网络直播这一媒介在主播和受众间打造了一个虚拟的"朋友圈",它比QQ、微信等聊天软件更具亲密感、熟悉度和真实感。在直播过程中,主播与观众实时互动,既加强了主播与观众粉丝间的联系,又使双方通过近距离交流共享生活日常,满足了观众对主播的好奇心理，拉近了主播与粉丝之间的距离，继而使双方发展为相互信任的朋友关系并且拥有平等的社交地位，这在无形中引导观众向消费者转变。因此，直播营销也被称为"自媒体时代下的新零售"。

三、直播营销创新优势分析

近年来，微博、微信等平台的出现给商户带来了全新的产品和信息服务渠道，因为较低的准入门槛与良好的传播效果给企业营销创造了新的场所，用"微传播""大营销"等手段定格了整个传播格局。在互联网与企业的相互融合关系中，小米手机的营销模式始终走在前列。近年小米借助微博平台吸引了无数粉丝，带动了商品销量的大幅提升。但随着微博的发展，也暴露出了许多问题。例如，缺乏持续吸引力、粉丝流失率较高、信息发布不及时等问题。为了解决这些问题，小米开始利用直播进行网络营销，直播内容丰富多样，吸引了受众眼球，增强了品牌关注度。借助直播活动，小米向受众群体有效地传达了自己的品牌理念，塑造了小米品牌的良好形象。在一场小米发布会上，多名记者在手机应用软件上实时直播了当时的场景，吸引了众多观众的围观和 10 万人次的点赞。所以网络直播为商家和物品的推广带来了一种新颖的营销方式并且取得了较好的效果，具体优势如下。

(一) 营销反馈性更强

传统营销以提高信息到达率为主要手段，以获取更大关注度为主要目的，这种单向传播形式并不能及时反馈信息，特别是商户不容易及时收到受众在获取广告信息时做出的回应。在直播营销中，直播和售卖活动可以同步进行。例如，华为借助天猫直播平台发布新品，在直播过程中用户会更加积极地以弹幕方式发表评论，同时也会提出自己的问题，组织者会以即时互动的方式回答受众的问题，对商品感到满意的用户可以直接点击直播网页上的链接完成购买。直播营销过程中观众的即时反馈强化了营销内容的精准度，直播观众发出的弹幕可以获得主播的即时关注，让营销者可以实时收到营销反馈信息，立即为用户排忧解难，第一时间对营销策略进行调整，激发用户现场购买行为，提升营销效果。互联网时代的互动性在网络直播上得到了充分的体现，营销活动借助二者的双向互动能使营销方向更加精准化。例如，运动器材商家可通过现场直播某一室外主播体验器材的过程，并按照用户需求进行多种专业运动器材验证操作，为运动器材创造更大的销量。这一系列的举措都为消费者提供了更为直观、便捷的消费渠道，也使消费者更加愿意参与到直播中来，从而推动品牌发展。因此，直播营销具有广阔的发展前景。直播营销中的及时反馈不仅能及时解决观众的各种问题，还极大增强观众的存在感，更加易于实现有效交流、精准定位和拉动消费。

(二) 营销手段更灵活多样

企业在进行营销时需要从用户需求以及业务层面上与用户建立互联互通渠道，通过加强企业和用户之间的双向交互，提高消费者忠诚度和满意度，进一步增强整体营销效果。在社交媒体迅猛发展的基础上，企业品牌呈现出多样化发展态势。尽管商家与社交网站联手，打造微博账号、微信公众账号等，也有助于企业树立良好的形象，加强用户紧密联系，然而这种联系的关联性较弱。而网络直播营销具有的优势，就是在有效运用互联网信息技术的基础上，融合"传统媒体"元素，通过多种多样的营销造势手法，把散布于整个网络中的注意力集中于该平台上的某个时间段，这种方法和传统的电视栏目的播出收看很相似。不过，二者区别在于：在直播时，观众能和直播间的主播实时交流，这种手段更灵活，营销效果更有效。

网络直播作为一种新型媒体形式，不仅打破了时间、地域等限制，而且给人们带来了全新的感受。借助直播平台，商家能够将多维度的空间直观地呈现给观众，用户可以直接面向主播收看直播内容，增强和主播的信任度和亲密度，并且增进对商品的了解。直播平台为用户塑造出更具真实性的娱乐情景，让原本神秘莫测的虚拟网络世界成为直观的"现实生活"，以较为逼真情景下的实时互动给用户带来更为逼真的感受。观众通过网络直播的弹幕能和商家产生互动，相互从深度交流中寻找情感共鸣、寻找集体归属感，无形中接受营销，从而完成观众向消费者的转化。虚拟网络直播平台情景下，观众身体虽不在场，但是他们的注意力被充分地投入情景中，并且在情景中建立起了相互之间的认同感。通过实时互动，能维持直播间的有序进行，让观众身临其境，继而进化成为"粉丝"。

(三) 营销生命力更强

传统营销方式常因为费用高、推广形式单一、受地域的制约等问题导致营销宣传生命力不强，很难持续下去。网络直播中，观众对直播的内容可以重复收看，因而网络直播的营销生命力更强。同时，直播时间的充足性对用户也有长远的作用，能使企业更全面地进行产品的深入介绍，营销力度更强。

著名心理学专家斯蒂芬森把媒介看成玩具，他认为人与媒介的接触带有游戏的意味，人对媒体的利用主要是为了消遣娱乐，因而大众传播具有游戏性。就游戏性传播而言，为了营利进行传播的类型将被替代。游戏性传播是积极活跃的，甚至当游戏遭遇迷茫时，人仍然会享受到这种传播方式带来的乐趣。

相对传统贴片广告和电视推广，网络直播不以时间为标准收费，具有费用低廉、方便快捷等优势。作为一种新的营销渠道和宣传手段，网络直播也给平面广告提供了一个全新的平台。视频广告每一个瞬间都是变化的，通过连续的画面变化不断吸引观众的眼球，从而来提高信息传播的效率。同时，直播弹幕内容因其机动性大，使直播更加有趣，即使直播内容相对没有趣味，但观众心中的游戏天性也已经被满足。

(四) 营销集聚能力更突出

网络直播从属于网络社交平台，由于受众在直播过程中主动关注直播内容，往往使营销效果更加突出。直播最大的优势就是可以快速地聚粉、沉淀和互动，然后进行二次营销。用户是一个以自我为中心的信息来源，通过不断集聚与互动，能吸引更多的消费者加入进来。

往往营销时不具备直白的营销意味，营销效果才是最好的。就网络直播而言，用户积极主动地参与能使传播信息接受程度逐步提高，这个时候直播内容拥有的立体体验和趣味性体验才能更好地被观众所接受，观众也较为乐于点赞转发，甚至共享社交圈，更易达到企业品牌营销活动的目的，实现企业品牌宣传的终极目标。

第九章 人工智能在电子商务中的运用与实践

第一节 个性化营销与智能推荐系统解析

一、构建用户画像实现个性化营销

构建用户画像是个性化营销的基石。这一过程涉及大数据的采集与分析，采集分析的内容主要包括以下 5 部分。

(一) 浏览历史

浏览历史，主要是指顾客在网络购物、浏览网站或使用应用程序过程中，查看过的产品、页面或内容的记录。通过分析产品/内容详情页访问、浏览时间、访问顺序、重复访问和交互行为等这些记录反映了顾客的浏览行为和潜在兴趣点的数据，商家可以优化产品推荐、个性化营销策略、网站导航和商品陈列等，以提升用户体验和增加转化率。例如，在电商平台上，基于顾客的浏览历史，系统可以自动推荐相似或相关的产品，促使顾客完成购买决策。

(二) 购买记录

购买记录，也称交易记录或消费记录，是指顾客在电子商务平台、实体店或其他购物渠道进行商品或服务购买时，系统生成并保存的一系列详细信息汇总。这些记录对于商家、顾客以及第三方服务提供商都具有重要的意义。

(三) 偏好设置

偏好设置通常指的是用户在使用软件应用、操作系统、网站或者各种数字设备时，根据个人习惯和需求设定的一系列个性化配置选项。这些设置允许用户调整界面风格、通知方式、语言、隐私级别、功能开关等内容，以优化使用体验。偏好设置的存在使得数字化产品和服务能够更好地适应不同用户的需求，提升用户的体验满意度和忠诚度。

(四) 社交媒体行为

社交媒体行为是指个体在社交媒体平台上进行的所有互动和交流活动的总称，这些活动深刻反映了用户的个人兴趣、社交习惯、情感状态以及他们在社交网络中的角色和关系。社交平台上的互动和分享可进一步丰富用户兴趣图谱。

(五) 时间与位置数据

用户活跃时段和地理位置也会影响推荐内容的相关性。结合时间序列分析，企业能够了解用户在不同时间段的活动规律，如何时更活跃、何时更倾向于购物或浏览特定内容，从而在适当的时间推送个性化内容或优惠，提升用户体验和转化率。

通过高级分析技术(如聚类分析、因子分析)，这些数据被转化为易于理解和操作的标签体系，形成多维的用户画像。这不仅帮助电商平台实现"千人千面"的个性化推送，也为内容创造、广告定位等提供了精准依据。

二、智能推荐系统解析

智能推荐系统是基于用户历史行为、偏好以及其他相关数据，运用机器学习、数据挖掘和人工智能技术，为用户提供个性化内容或产品推荐的系统。

(一) 数据收集与预处理

数据收集与预处理指根据用户行为数据(如点击、购买、评分)、用户属性数据(年龄、性别、地理位置等)、上下文信息(时间、位置、设备类型)以及内容元数据(如商品类别、标签)等数据来源，对数据进行去除噪声、填补缺失值、异常值检测和处理，保障数据质量。从原始数据中提取有用的特征，如用户活跃度、物品流行度等，是提高推荐效果的关键步骤。

(二) 协同过滤与深度学习推荐算法

1. 协同过滤

协同过滤(Collaborative Filtering, CF)是一种广泛应用在推荐系统中的技术，它通过分析用户过去的行为数据(如评分、购买记录、浏览历史等)，发现用户或物品之间的相似性，从而预测并推荐用户可能感兴趣但尚未接触过的物品。协同过滤分为两大基本类型：基于用户的协同过滤(User-based Collaborative Filtering)和基于物品的协同过滤(Item-based Collaborative Filtering)。协同过滤分为用户-用户协同过滤和物品-物品协同过滤，前者基于用户间的相似度推荐未接触过的商品给用户，后者则是基于商品间的相似度推荐未接触过的商品给用户。这种方法有效挖掘了隐含的用户偏好和商品关联性。

2. 深度学习推荐算法

深度学习推荐算法利用深度神经网络(如卷积神经网络 CNN、循环神经网络 RNN 及其变体)处理复杂的高维数据，能够自动提取特征并进行模式识别。例如，RNN 可以捕捉时间序列数据中的顺序依赖性，适用于动态推荐场景；而 CNN 则擅长处理图像、文本等非结构化数据，提高推荐的语境理解能力。

3. 矩阵分解技术

矩阵分解技术，如奇异值分解(SVD)或非负矩阵分解(NMF)，是简化高维数据的有效手段，常用于推荐系统的初步特征提取。而神经网络的引入，特别是深度学习框架，进一步提升了模型的表达能力和推荐的个性化水平。

4. 上下文感知推荐

上下文感知推荐考虑用户行为发生的上下文信息(如时间、地点、天气、用户情绪等)，使用上下文感知的机器学习模型，如条件随机场(CRF)或深度神经网络，提供更加贴合情境的推荐。

通过这些智能算法，个性化营销能够更加精细地理解用户需求，预测其行为趋势，从而在正确的时间，通过正确的渠道，向用户提供最合适的产品或服务信息，提升用户体验和商业效益。同时，随着算法技术的不断进步，个性化营销的边界也在不断拓宽，向着更加智能、高效和人性化的方向发展。

三、实时动态推荐与 A/B 测试

实时动态推荐与 A/B 测试是现代互联网产品优化和个性化用户体验中常用的两种策略。它们虽然目的相似——都是为了提升用户满意度、增加参与度或达成特定商业目标，但侧重点和应用场景有所不同。

实时动态推荐系统是一种能够根据用户的实时行为、上下文信息(如时间、位置)以及历史偏好，即时调整并推送个性化内容的算法系统。这种系统能够快速响应用户的行为变化，提供高度相关的推荐内容，比如新闻、商品、视频等，从而提升用户黏性和满意度。它要求系统具备高度的灵活性和反应速度，能够根据用户的即时行为(如点击、搜索、购买)实时调整推荐列表。这背后依赖于实时数据处理架构(如流计算)、高效的推荐算法及高性能缓存机制。它主要用于电商平台的商品推荐，即根据用户的浏览和购买记录实时调整推荐商品；音乐平台的歌单推荐，即依据用户当前听歌风格和时段智能推荐歌曲；社交媒体的信息流排序，即根据用户互动情况动态展示更吸引用户的内容。

A/B 测试(也称为分组测试或桶测试)是验证推荐策略有效性的重要手段，它是一种对照实验方法，用于比较两个或多个版本(如网页设计、功能实现)的效果，以确定哪个版本更能达到预期目标，如提高转化率、增加用户参与度等。测试过程中，用户被随机分配到不同的版本，然后通过收集和分析数据来决定最优方案。它通过将用户随机分成实验组和对照组，分别展示不同的推荐算法或界面设计，然后根据关键指标(如点击率、转化率)的差异来评估新策略的优劣。这种方法是基于数据驱动的决策而非直觉，确保了推荐系统的持续迭代优化。它主要用于网站界面改动前后的效果对比，如按钮颜色、布局调整；电子邮件营销中不同标题的吸引力测试；应用内购流程的优化，测试不同价格点或促销信息的效果。

通过上述集成策略和技术，个性化营销与智能推荐系统不仅能够更加精准地预测和满足用户需求，还能提升用户满意度和忠诚度，同时为电商企业带来更高的转化率、客户保留率和整体商业效益。随着技术的不断进步，电商行业将继续朝着更加智能化、个性化的方向发展。

第二节 虚拟试穿/试用与增强现实体验探索

一、AR 技术在商品展示中的应用

AR(增强现实)技术在商品展示中的应用极大地丰富了消费者的购物体验，彻底改变了线上购物体验，使其超越了传统二维图像和文字描述的限制。它允许消费者在自己的实际环境中可视化商品，从而做出更加明智的购买决定。AR 技术主要的应用场景有：

(1) 3D 产品预览。用户通过手机或 AR 眼镜扫描特定标记或直接在屏幕上查看，就能看到商品的三维模型，并将其旋转、放大、缩小，体验如同实物在手的细节观察，感受商品的尺寸、颜色和材质，从而获得接近实物的观感体验。

(2) 家居布置模拟。AR 技术使用户能够将虚拟的家具、装饰品放置在自家房间，查看其尺寸是否合适，风格是否匹配，极大地提升了装修和家具购买的便捷性与满意度。

(3) 互动式营销。品牌通过 AR 游戏或互动体验吸引用户参与，如虚拟寻宝、产品互动演示等，增强品牌记忆点，提升用户参与度和娱乐性。

(4) 个性化定制。用户可以利用 AR 技术预览个性化定制的效果，比如在选购眼镜时，通过 AR 试戴不同款式，或者在装修前预览不同墙色和家具搭配效果，帮助用户做出更满意的购买决策。

(5) 导航与导购。在大型商场或展览会场，AR 技术可以提供互动式导航服务，引导顾客找到特定展位或商品，同时在顾客视线中叠加促销信息、优惠券等，增加购物的便捷性和趣味性。

(6) 提升线上购物体验。电商平台通过 AR 技术提供 3D 商品预览，用户足不出户，在家就能体验到近乎实体店的购物感受，更加合理使用碎片化时间享受真实购物体验，有助于减少退换货率，提升顾客满意度和转化率。

二、虚拟试穿/试用技术实现与效果评估

虚拟试穿/试用是利用 AI 技术为用户提供在线试穿衣服或试用化妆品的虚拟体验。通过这种功能，用户可以在电商平台或 APP 上选择自己喜欢的衣服或化妆品，然后通过虚拟

试衣或试妆技术，实时查看自己穿上该商品或使用该化妆品的效果。

(一) 虚拟试穿/试用技术实现

虚拟试穿和试用技术利用先进的计算机视觉技术和机器学习算法，实现了前所未有的个性化购物体验。其工作原理是：

(1) 面部追踪。通过摄像头捕捉用户面部图像，利用面部识别技术捕捉用户的面部轮廓、特征点(如眼睛、鼻子、嘴巴的位置)，然后实时追踪用户的面部运动，确保妆容能自然贴合用户表情，更加逼真，然后将化妆品(如口红、眼影)的虚拟图像精确地"贴合"到用户的脸上，实现试妆效果。

(2) 妆容渲染。基于 3D 建模或图像处理技术，将不同的化妆品(如眼影、口红、腮红等)以数字化形式覆盖到用户的面部图像上。这一步骤需考虑光线、肤色、皮肤纹理等因素，确保虚拟妆容看起来真实自然。

(3) 肤色识别。利用算法分析用户肤色，自动调整化妆品颜色以达到最自然的试妆效果，如口红、粉底的颜色适配。

(4) 衣物模拟。利用人体建模和物理引擎模拟衣物的材质、垂坠感和动态效果，用户上传照片或使用摄像头即可看到自己穿上衣服的样子。

(5) 身体追踪。对于试衣应用，技术上需识别用户的身体轮廓、比例和运动，通过 3D 建模技术创建用户的虚拟化身，使得衣物能自然地跟随身体动作，模拟真实的穿着效果。

(二) 虚拟试穿/试用技术效果评估

(1) 增加用户参与度。虚拟试穿/试用以其新颖性和趣味性，显著提高了用户在平台上的停留时间和互动次数，增强了购物乐趣。

(2) 减少退货率。由于用户能更准确地预知商品的实际效果，购买决策更加准确，减少了因不满意外观而产生的退货行为，为企业节省了成本。

(3) 提升转化率。更高的试用满意度直接转化为购买行为的可能性增大，有助于提高整体的销售转化率。

综上所述，AR 技术在商品展示和虚拟试穿/试用领域的应用，不仅增强了消费者的购物体验，也为企业带来了更高的运营效率和顾客满意度，是未来零售业数字化转型的关键驱动力之一。

第三节 智能客服与自动化服务解析

智能客服与自动化服务通过集成 AI 技术，实现了客户服务的智能化升级，它们的作用在于全天候、高效率地处理用户咨询与服务需求，不仅显著提升了响应速度与服务质量，还降低了运营成本。智能客服凭借自然语言处理与机器学习能力，提供个性化、即时的交互体验。而自动化服务则专注于简化流程、实现工作自动化，如自助解决问题、管理用户请求等，二者共同促进用户体验的优化和企业运营效能的提升，推动数字化转型进程。

一、聊天机器人技术与自然语言处理

智能客服得以应用的核心在于聊天机器人技术，它依托于自然语言处理(NLP)技术，能够理解并回应用户的自然语言输入，是人工智能领域的重要应用之一。聊天机器人是一种软件系统，能够模拟人类对话，通过文本或语音与用户进行交互，以提供信息、解答疑问、完成任务或进行娱乐交流。自然语言处理作为聊天机器人技术的核心，使机器能够理解、解析、生成人类的自然语言，从而实现有效的沟通。

聊天机器人的具体实现方式包括：通过词汇分析、句法分析和语义分析，理解用户输入的意图和上下文；根据用户的输入管理对话流程，包括对话状态的追踪、对话历史的维护及对话逻辑的推理，以保证对话的连贯性和逻辑性；识别用户情绪和态度，利用自然语言生成技术，根据理解的用户意图和对话管理，生成合适的回答文本或语音，模拟自然的人类交流方式；基于用户的交互历史和偏好，通过算法提供个性化的内容或者服务建议等。并且通过机器学习技术，聊天机器人能从每次交互中学习，不断优化其响应策略，提高回答的准确性和满意度。

这些聊天机器人可以全天候无间断工作，极大地拓展了客户服务的时间，确保用户在任何时间都能获得及时帮助，这对于提升用户满意度、维护品牌形象具有重要意义。它们不仅迅速响应，还能同时处理大量用户咨询，有效缓解高峰时段的压力，减少用户等待时间，对比传统依赖人工客服的模式，显著降低了运营成本。

此外，聊天机器人的一致性和准确性也是其优势之一。它们不会因疲劳或情绪波动影响服务质量，每次互动都能保持相同的服务质量和专业水平，这对于需要高标准客户服务的行业尤为重要。随着人工智能和自然语言处理技术的不断进步，聊天机器人正变得越来越智能化，能够处理更复杂的查询和提供更个性化的服务，进一步推动了客户服务领域的革新与发展。

二、自动化售后服务流程与问题追踪

自动化售后服务是指利用现代信息技术，如人工智能、机器学习、自动化工具和软件平台，来优化和管理客户服务流程，从而提高服务效率、减少人工干预、降低成本并提升客户满意度。具体措施有：

(1) 订单状态追踪自动化，即集成后台数据库，实时更新并通知用户订单进度，包括发货、物流、签收等关键节点，减少用户查询需求。

(2) 退换货自助服务，即建立在线平台或通过聊天机器人引导用户完成退换货申请，自动审核符合条件的请求，生成回邮标签，甚至预判并解决常见问题。

(3) 问题追踪系统，即利用工单系统自动记录、分配并追踪用户问题，确保每个案件得到有效跟进直至解决。机器学习算法可根据历史数据预测问题类别、优先级，甚至推荐解决方案，提升处理效率。

(4) 智能升级机制，即对于复杂或敏感问题，系统可以自动识别并将对话转接给人工客服，同时传递之前的对话记录，确保无缝对接，避免用户重复说明。

上述自动化服务，不仅提高了问题解决的效率和质量，还提升了用户对品牌的信任和忠诚度，为电商企业带来长远的竞争优势。

智能客服与自动化服务的结合，形成了一个全方位的服务体系。自动化服务负责处理标准化、重复性高的任务，智能客服则处理更复杂、需要理解上下文的任务。这种结合不仅提升了服务效率，也确保了服务质量，使得电商平台能够更加灵活地应对客户需求，提升客户满意度和商业竞争力。随着技术的不断演进，未来的智能客服系统将更加智能化、个性化，进一步推动电商行业服务质量达到新高度。

第四节　智能库存管理与供应链优化

智能库存管理和供应链优化是现代电子商务和零售业中重要的竞争优势。这一环节利用先进的技术手段，如大数据分析、人工智能、物联网和云计算，实现库存水平的精确控制和供应链的高效协同，从而降低运营成本，提升客户满意度，增强市场响应速度。

一、实时数据分析与预测

在电子商务领域，实时数据分析与预测通过集成高级算法和流处理技术，对海量交易数据、用户行为、市场动态等进行即刻分析，精准预测消费需求趋势、库存需求及价格波动，从而实现自动化调整库存水平、优化供应链管理、个性化推荐商品以及动态定价，进而实现库存最优化、成本节约和顾客满意度提升，增强企业的市场竞争力和响应速度。

首先利用先进的机器学习算法对大量历史数据进行深度挖掘。这些算法能够识别出复杂的消费因素，包括但不限于季节性波动、促销活动的影响、特定产品或服务的周期性需求变化，乃至外部环境因素(例如，恶劣天气条件对特定商品需求的提升，节假日对礼品或装饰品需求的激增)。接着通过对这些变量的综合分析，系统能够生成高度精准的需求预测模型，有效指导库存策略，减少因过度库存导致的资金积压或因缺货造成的销售损失。

基于上述需求预测模型，企业能够动态调整库存水平，实现"恰到好处"的库存管理。这意味着库存量既能满足市场需求，又不至于过多占用资金，减少仓储成本和滞销风险。通过自动化的库存管理系统，企业可以根据预测结果自动下达采购订单、调整生产计划或是重新分配库存资源，确保库存的健康周转。此外，这种动态优化还能提高企业对市场变化的响应速度，提升整体运营效率和盈利能力。简而言之，智能库存优化是实现供需平衡、提高资金使用效率和增强市场竞争力的关键所在。

二、供需协调与库存控制

在电子商务中，供需协调与库存控制算法通过集成先进的数据分析技术和机器学习模型，如 EOQ 模型、ABC 分析法、VMI 策略及动态库存优化等，实现了对市场供需的精准预测与快速响应。这些算法不仅能够智能优化库存水平，减少积压与缺货风险，还促进了供应链上下游的信息共享与协同作业(如 CPFR 策略的应用)，从而在确保顾客满意的同时，最大化运营效率和成本效益，为电商平台构建起更加灵活、高效的库存管理体系。为了进一步提升供应链的灵活性和响应速度，库存控制算法被广泛应用于供需匹配与自动补货决策中。

首先，结合供应商、制造商、零售商等多环节的数据，构建全局视角的供需预测模型，增强预测的准确性和全局优化能力，并基于实时销售数据和需求预测，算法自动触发补货订单，动态调整订单量和频率，确保库存水平与需求相匹配。其次，采用线性规划、遗传算法、强化学习等方法，综合考虑库存成本、服务水平、运输成本等因素，自动计算最优库存水平和补货策略。最后，在算法设计中融入不确定性管理，如设置安全库存水平应对需求突变，或采用多级库存策略分散风险。通过这些智能算法，供应链各节点之间的信息流和物流得到高效协调，减少了库存冗余和断货风险，实现了成本与服务之间的最佳平衡，增强了企业的市场竞争力。

三、基于市场与用户行为的数据驱动定价

在数字经济时代，企业能够收集和分析海量的市场及用户数据，从而实现更加精准和灵活的定价策略，其核心在于实现价格的动态化、个性化，以最大化收益和市场份额。

首先，企业需收集竞争对手的价格信息、市场需求量、用户浏览和购买历史、用户反馈、季节性变化等多维度数据。数据预处理阶段涉及清洗数据、填补缺失值、异常值处理等，确保后续分析的准确性。其次利用机器学习模型(如聚类分析、时间序列预测模型)分析竞争对手的定价策略、市场份额变化等，识别市场趋势和潜在机会。这有助于企业定位自己的产品价格区间，寻找差异化竞争点，避免价格战。再通过用户行为分析(如价格弹性分析、A/B 测试)理解不同用户群体对价格变动的反应。机器学习算法(如决策树、随机森林、深度学习)可以用来细分用户群，识别哪些用户对价格更敏感，哪些用户更注重产品质量或服务，从而为不同用户提供定制化价格。还要结合市场竞争状况和用户行为分析结果，建立动态定价模型。该模型需能够根据实时数据输入(如库存水平、需求波动)自动调整价格，以达到利润最大化或市场份额增长的目标。强化学习是一个常用方法，它通过模拟和学习最优决策过程，不断优化定价策略。最后将动态定价策略应用于实际销售中，并持续监控其效果，包括销售额、利润、顾客满意度等关键指标，基于反馈调整模型参数，确保策略的有效性和适应性。

通过这种数据驱动的方法，企业能够更加精准地匹配市场需求，优化资源配置，减少不必要的价格战，同时提升顾客体验和企业利润。随着技术的进步，数据驱动定价正逐渐成为电子商务和众多行业普遍采纳的核心策略之一。

四、实时竞价与动态促销机制

结合实时竞价与动态促销机制，电商平台能够构建全方位的个性化营销体系，不仅在站外广告投放上实现高效精准，同时在站内通过智能化促销提升用户体验和销售业绩。例如，根据用户在外部网站的浏览行为，通过 RTB 系统展示特定商品的促销广告，引导用户进入电商平台后，再利用动态促销机制进一步激发其购买欲望，形成从吸引到转化的无缝衔接，全面提升营销效果。

(1) 实时竞价系统。即类似于在线广告的实时竞价机制，电商平台上的商品推广位也可以根据用户画像、商品相关性、商家出价等因素，实时决定展示给特定用户的商品及其价格，提高转化效率。这需要强大的数据处理能力和算法支持，确保在毫秒级完成计算和决策。

(2) 个性化促销活动。即通过机器学习算法分析用户的历史行为、偏好、社交网络信息等，电商平台能够设计并推送高度个性化的促销活动和优惠券，如限时折扣、满减、买一赠一等，以激发用户的购买欲望，提升转化率和用户黏性。

(3) 动态调整策略。即根据市场反馈和用户互动数据(如点击率、加购率、弃购率)，系统自动调整促销内容、力度和目标用户群，确保促销资源的有效配置。这种快速迭代的过程依赖于实时数据分析和自动化决策支持系统。

(4) 预测与优化。即利用预测模型分析节假日、特殊事件等对消费行为的影响，提前规划促销活动，同时通过持续优化算法模型，提高预测精度和促销效率。

智能库存管理与供应链优化的实施，不仅要求技术上的革新，还需要企业文化和管理策略的配套改革。通过深度融合这些先进技术，企业能够在复杂多变的市场环境中，实现成本效益的最大化，同时提升客户体验，巩固市场地位。随着技术的不断进步，未来的智能库存管理和供应链优化将更加精细化、个性化和自动化。

第十章 "互联网+"电子商务创新与实践

第一节 电子商务创新与实践的竞争力构建

一、电子商务与创新的关系

电子商务的迅猛发展离不开创新,可以说是创新引领了电子商务。创新是一种质的升华,也可以是多样化的改造和逐渐完善的过程。人们在知识和经验的积累过程中,逐渐产生了创新的理念。

(一)创新的含义

创新是人们利用新的知识或新的技术创造出新的产品或改进新的工艺,来推动人类的进步和创造更多的财富。创新伴随着人们的生活和工作,它使世界变得丰富多彩。现代社会因为创新而发展,而创新的理论也引起了哲学家、科学家、经济学家、管理学家等的广泛重视。创新这个理论首先是由熊彼特提出的。他认为经济的本质并不是均衡,而是打破均衡;创造性地打破均衡后,实现了新的经济发展,这就是创新的本意。熊彼特还认为创新是实现生产要素和生产条件的新的组合,并有五种情况:一是引入一种新的产品或提供新的产品质量,二是采用新的生产方法,三是开辟新的市场,四是获得原料新的供应来源,五是实行新的组织制度。管理学大师德鲁克认为,创新是通过有目的的变革和努力,提升一家企业的经济潜力。从两位大师对创新的描述中我们可以看到,创新是一种动态的变化,是对原有事物均衡状态的一种打破,并且能够创造出新的价值。

(二)电子商务与创新的辩证关系

创新并不都是一种革命性和颠覆性的创造,也得按照不同的功能分为不同的层次。在人类的历史上,牛顿及其经典力学理论、爱因斯坦和相对论这样对人类的发展造成重大影响的创新并不多见,而这种突破性的研究和创新也是可遇而不可求的。对电子商务来说,第一台计算机的诞生和互联网的诞生可以说是电子商务能够诞生的突破性创新。当然，计算机和互联网的出现也是人类文明的突破性创新。彼得·蒂尔在其著作《从 0 到 1：开启商业与未来的秘密》中将创新分为两种类型：一种是从 0 到 1 的创新，是一种垂直性的、突破性的创新，是一种质的升华的创新；另一种是从 1 到 N 的类型，是一步步改善产品，是一种水平型的完善，是一种多样化的创造。

在电子商务生态领域中，具有质的升华的创新，并深刻影响着电子商务发展的可以说有以下几种：一是第一家电子商务经营平台的诞生使互联网和商业紧密地联系在了一起；二是金融与互联网的联通，使支付变得简单且可靠；三是第一家社交媒体的诞生，改变了人们固有的交流沟通的模式；四是移动互联的商务经营，让人们摆脱了线路的束缚。从中我们可以看到，以上的四种创新模式都是在电子商务经营中发展而形成的突破性的创新。突破性的创新是企业所追求的目标，掌握了突破性的创新，产品就可以占有市场先机，并可以书写业态的经营规则。但是，我们也应该知道，并非所有突破性、激进性的创新都可以为企业带来巨大的效益，还需要把握住创新的时机。我们也看到很多电子商务企业因为人们的思维与习惯并没有达到创新产品的要求，由先行者变成了先烈，这些创新的企业是值得人们尊重的。很多企业家，特别是信息产业中的企业家，都希望自己创造性的产品可以颠覆市场规律，获得超额的利润，但市场要循序渐进地发展，要有规则地扩展，要有一定的市场占有率，然后再进行扩充。突破性的创新是可以获得丰富的利润，但对于大多数的电子商务企业来说，创新是从 1 到 N 的过程，是使电子商务的产业形态逐渐完善的过程，使功能逐渐丰富的过程，使产业多样化的过程。这种创新是对客体的创新与完善，在创新的过程中主要是对产品的创新、工艺的创新、服务的创新等。在创新中使电子商务的产品逐渐多样化和个性化，工艺更加先进和环保，服务更加便捷和优质。这些创新改善了人们工作和生活的方式，同样使电子商务的边界在逐渐扩大，服务领域也更加宽泛。在创新中，我们还可以看到创新并非全是研发部门的事情，而是一种综合性和整体性的工程，是在适应外部环境下内生的一种改变，需要组织内各个部门和人员的配合。缺少合作往往是创新的天敌，要实现企业脱颖而出的差异化，就需要企业之间精诚合作。电子商务的发展之所以如此迅猛，深刻地影响着人们的消费和生活观念，主要在于电子商务企业间的竞争和持续的创新为人们带来新鲜感和便利的生活体验。

二、创新思维与创新实践

创新思维是创新实践的基础，创新实践是创新思维的应用体现，两者互相影响、互相促进。电子商务的发展是电商企业持续不断地运用创新思维与创新实践相结合而成的，思维与实践的相辅相成促进了事物的发展与前进。在前进的过程中，创新思维与实践逐渐由人们的价值意识自觉地、理性地升华为人们的价值观念。创新思维与创新实践正是在运动的过程中逐步深化了人们的价值观念。

(一) 电子商务与创新思维

思维是人们大脑中固有的一种思考形式，指导着人们生活和思考问题的方式方法。管理学的思维模式是以效率为先的，泰勒的科学管理就是以其为核心。但是，随着科技的进步，特别是控制论、信息论、系统论的诞生，人们原有的思维模式被颠覆。电子商务的创新大多是集中在信息化思维模式下个人或组织创造力的发挥。创造力是人类所特有的综合性的本领，是与个人的知识、智力、能力和品质紧密相连的，同样也受着外界环境的客观影响。创造力的发散性和独创性让人们无约束地探索未知的世界。要拥有创新性思维，还需要创新者密切关注外部环境及其变化，在多角度、多方位的思维模式下处理事务和解决问题，还需要不断地批判性思考事物本身，善于寻找事物的矛盾，并且有自己的创意，最终付诸实施实践。创新性思维与哲学的反思性思维相得益彰，相互促进，相互影响。

(二) 电子商务的创新实践

电子商务的发展需要有创新性思维和创新型产品，并且，最终要将创新型的事物应用于实践，接受市场的考验，这就是创新实践。与传统的商品销售模式相比，电子商务中产品的生命周期变短，产品的成长期和衰退期明显加快。在这种快速变化的环境中，创新思维下的服务业不断发展壮大，电子商务企业通过不断推出创新产品和服务，不断增强竞争力。随着电子商务的广泛应用和人们对网络便捷性的进一步认知，电子商务在边界扩充上越走越远，这种方式激励了电子商务企业的创新。

新知识在电子商务实践中的运用，激发了电子商务的创新。数据库技术、多媒体技术、大容量存储技术是电子商务起始阶段的发展要素，电子商务也促进了大数据技术与云技术在实践中的创新。移动互联技术促进了电子商务激发式的增长，让人们摆脱了计算机的束缚，随时随地都可以进行商务往来；同样，电子商务也促进了移动互联技术的发展，为了让人们体验更加快速的网络，移动互联技术也在不断地推陈出新。

当然，影响电子商务创新的因素还有很多，但是，所有成功的创新项目都曾在正确的机遇面前抓住了机会。同时，创新项目确实可以提高产品的使用价值，让人们真正体会到创新带来的价值改变。在创新中，创新者还要意识到，微小的、持续的改变与完善也可以是重大的创新。满足实践的要求，符合人们对电子商务的期待，才是好的创新项目。

三、电子商务创新竞争力的构建

我国经过近四十年的经济快速增长，现在已经成为全球第二大经济体和第一大贸易进出口国，同时也是世界第一大电子商务贸易国家。国家在追赶世界先进潮流的历程中经历了太多的风风雨雨。相比较模仿和学习国外的先进技术来说，获取持久的创新能力和世界竞争力更加艰难。创新的意识和能力也日渐成为国家竞争力的体现和国际地位的突出表现。我国电子商务的发展速度和产业规模在复杂动荡的全球化环境中逐渐成长，并对世界的经济产生了重要的影响，打造了持久的竞争优势，并日益成为我国的战略重点。电子商务驱动的创新在我国也日益频繁，并逐渐影响人们的消费方式，取得了比较理想的成绩。我国也开启了前所未有的行动，正式提出"科技创新是提高社会生产力和综合国力的战略支撑"这一战略理念，宣布实施创新驱动发展战略。电子商务在国家创新发展的驱动下，可以激发全社会的力量，进行一场复杂的、系统的创新，从管理制度、技术发展、社会重视等多角度进行变革，提升电子商务业态的整体发展能力，激发社会的创新活力，发挥从业者的创新潜力，促进电子商务的变革，逐渐打造出具有世界影响力的国际竞争优势。

电子商务以创新为驱动，打造国家优势，参与国际环境的竞争，需要具备四个关键要素：生产要素；需求条件；相关产业与支持性产业；企业战略、企业结构和同业竞争。这四个要素是一个双向强化的系统，其中一项要素的效用必然影响其他要素的状态。

第一，在生产要素环节，我国有着庞大的消费人群，以创新为驱动的电子商务行业重视知识的学习与积累，不断推出新的产品、工艺和服务，满足消费者需求。在基础设施建设方面，我国经过持久的建设，已建成了完备的公路、铁路、航空、航运的网络和计算机通信网络，在货物运输和信息传输方面都可以满足电子商务未来的发展。

第二，在需求条件环节，我国电子商务的消费人群达到5亿，庞大的内需带动着整个行业的发展和有序的竞争。在国际市场上，有多个国家和地区与我国有电子商务的贸易往来。强大的内需和广阔的海外市场是激励电子商务行业创新发展的原动力，是电子商务行业未来发展的空间。

第三是相关产业与支持性产业要素。经过发展，我国已经具备了完善的工业体系。我国是当今世界第一大制造业国，虽说有些行业不够强大，但是始终在发展，而且发展势头良好；还有一些行业，特别是信息产业，在以创新为驱动的环境下，攻坚克难，在世界的高科技领域占有了一席之地。另外，还有快速增长的服务业和物流业，都为电子商务打造国家竞争优势提供了战略保障。

第四是企业战略、企业结构和同业竞争要素。在电子商务发展的历程中，我国相继诞生了阿里巴巴集团、京东集团、腾讯集团、百度集团等众多具有国际影响力的电商企业，而且他们的现代化治理结构和对创新的支持都使自己不断地发展壮大，并且带动了众多中小型电商企业的发展，在全社会形成了以电子商务企业为创新驱动和创业驱动的新态势。

诚然，我国的电子商务还有许多地方需要完善，但是，以创新为驱动的电子商务行业已经初步具备了作为国家竞争优势产业的资格，在四个要素的相互促进和发展下，不断地创新，假以时日，我国电子商务不仅在体量上是世界第一，也将成为国际电子商务业的经济和技术的引领者。

电子商务的创新带动了国家竞争能力的提高，使国民获得了幸福感和满足感。这种创新不仅是个人在实践中价值观念的体现，同时也是社会价值观念的体现，是以社会自身的存在、发展为基础而确立的价值观念。可以说，这种创新的精神带动了全民族的活力，成了民族的精神信念。

第二节　技术创新与实践

一、信息技术的创新与实践

电子商务是以信息技术为代表的高新技术不断创新、不断实践的结果。可以说，信息技术繁荣发展的同时带来了电子商务经济的腾飞。信息技术与电子商务的发展相辅相成、互相促进。科学技术就是生产力，能够为社会带来巨大的经济效益，又会影响人们生活的各个方面，并不断地推动社会的进步。同时，科学技术的创新是在不断地挖掘人们的潜能，人们正以极大的热情在拥抱科技的创新，不断地提高生产力。

在信息技术世界有三个著名的定律，即摩尔定律、安迪-比尔定律和反摩尔定律，这三个定律能够比较客观地描述信息技术发展的基本规律。电子商务技术的发展就是以互联网、数据库、多媒体技术为基本支撑，逐渐引入新的信息技术，不断发展和创新，使电子商务的发展越来越快，应用边界越来越广泛。而电子商务的巨大影响力同时成为信息技术创新实践的重要场所。信息技术的三个定律在电子商务领域也得到了很好的示范，电子商务的发展和规模的扩大需要更好的硬件支持；同样，硬件的创新与硬件产品价格的降低，促使电子商务的运营成本降低；同时，大量多媒体商务信息的出现和顾客需要快速、方便购物的需求，又促使设备厂商和软件厂商不断发展，信息技术的创新与新产品的推出同样需要在电子商务的实践中得到认可和推广。如果信息技术的发展与电子商务需求的发展不相符，将会使人们对新技术不感兴趣或对电商失望。由此我们也可以看出，信息技术的发展和电子商务的不断扩大之间是相辅相成、共同发展的，两者以互相发展为支撑。

二、物流、供应链的创新与实践

物流、供应链在电子商务的发展中起到了关键的作用，可以说，它们不仅是电子商务发展的配套设施，而且已经成为电子商务运营的一部分，与电子商务的关系就是部分与整体的关系。我国物流业发展较晚，主要发展期就是在电子商务蓬勃发展这十几年的时间里，可以说，各项技术和设施都不够完善，物流的发展在一定程度上落后于电子商务其他方面的发展。2011 年、2012 年双十一之后，因为物流的原因而使大量的货物积压，不管是对消费者还是对商家来说，都是一种损失。而物流的问题也影响了消费者的购物体验和消费者对电子商务的评价。随着电子商务经营领域的拓宽，对物流业的要求也越来越高。冷链物流、药品物流、危险品物流等特殊的物流服务需求层出不穷，而物流业的落后严重影响了电子商务的拓展。在这种情况下，电子商务在一定程度上起到了倒逼物流业发展的作用，新的物流技术因电子商务的需求而不断被应用于物流供应链体系之中。条码技术、射频技术、自动化技术、信息技术、机器人技术等在电子商务的"逼迫"下不断升级。在电子商务业界流传着"得物流者得天下"的说法，可见电子商务业内人士对于物流的重视。物流已经成为电商之间核心竞争力的体现，高效、安全地将物品送到消费者手里是每一个电子商务从业者所追求的目标。物流、供应链在电子商务发展的洪流下，也在不断地适应发展的需求，在发展中由原先单纯的"推动式"，发展到以顾客需求进行生产、减少盲目生产、提高资源利用率的"拉动式"，再根据实践的需求发展为"推-拉式"供应链。这些转变都是在实践中不断提高和完善的结果。通过新技术和新理念，物流供应链的发展在逐步完善。

三、金融的创新与实践

电子商务促进了信息流、物流和资金流的有序流动，同时也在以较高的效率加速它们的流通与发展。

电子商务不仅促进了信息技术和物流供应链的创新与实践，同时，也在促进金融的创新与实践。首先，电子商务促进了电子支付的发展和互联网金融的诞生。在强大的信息技术的支持下，同时也在广大消费者的消费理念升级的需求下，互联网金融创造出了多样化的金融服务。随着电子商务的发展，安全、便捷的互联网金融应运而生，并且不断地提升金融服务效率和服务质量，使金融服务可以回归至正常的实体经济领域。其次，互联网金融不仅是互联网技术在金融领域的应用，更多的是一种服务思维模式的改变和新的商业模式的应用。互联网金融未来能否健康地发展，将取决于对风险的控制和资金使用成本的降低。

电子商务的发展促进了金融行业的创新与发展，而且随着国家对金融产业和民间资本的逐渐放开，许多大型电商企业将会加入金融服务领域，提升了金融行业整体的竞争态势。而原先国有商业银行或者股份制银行所关注的大型企业的资金往来，也就是将 80% 的资金服务于 20% 的企业的情况，将会被电商银行所提供的普惠制金融冲击。电商银行将以更多的资金应用于中小企业，对中小企业的发展和商业经济的繁荣将会是一种有力的促进。但是，互联网金融和电商银行的发展必须是有序的，金融的创新与实践对金融监管机构提出了更高的要求，要在明确的监管原则和总体目标下，切实保护好消费者权益和信息安全。电子商务的金融创新与实践促进了金融行业的竞争，同时，对传统的金融行业的服务来说也是一种补充，通过价值的创新以一种新的方法思考和进行战略的实施，从而开创了蓝海。电子商务与金融创新实践互相促进、互相影响，金融创新实践为电子商务提供了便捷、安全的金融服务，电子商务又为金融创新实践提供了应用的平台，也促生人们对传统金融服务的反思，为我国金融参与全球金融市场的竞争做了很好的铺垫。方便、快捷的互联网金融正应用于各个领域，特别是在中小企业、零售行业的应用，受到了广大消费者的喜爱，逐渐改变了人们的支付和消费观念。

四、技术的"双刃剑"作用

电子商务的快速发展促进了信息技术、物流供应链、金融服务的创新与实践，提高了电子商务服务的水平，扩大了电子商务应用的领域。但是，应用技术在电子商务领域的发展主要取决于人对技术应用的价值评价。技术的应用既会出现正的价值，也会出现负的价值。而提升技术的直接目的是追求利益的最大化，利益有可能是正当的利益，也有可能是不正当的利益。所以说，技术的应用具有两面性，电子商务在运用技术的环节及其产生的后果方面也具有两面性的特点，既有积极的效果，也有消极的作用。人的活动可以分为动机、行动和效果三个环节。人的行动受动机所支配，动机是行动的因，行动是动机的果，同样，行动的效果是行动之后的结果，动机和行动是效果的因，效果是动机和行动的果。动机的因和行动的因存在着差异性，动机是人的主观愿望，行动是人的主观愿望转化为客观行动。行动是复杂的，往往超出主观愿望，而效果是行动的结果，行动不同，所形成的效果也有所不同；而相同的行动对于不同的价值主体所产生的效果也有所不同。在电子商务运营中，人们的动机会带来商务往来的行为，并对主体产生影响。例如，电子商务本身是以较低的价格和方便的购物渠道来吸引消费者的，因消费者的行为有所不同，也会造成过度购物和浪费现象。社交网站本身设计的目的是方便人们的沟通，可是，过度使用社交网站或社交软件，会使人沉迷于虚拟的世界中，反而使真正的沟通能力有所降低。金融的创新与实践本意是方便资本的流通，却往往被有不良企图之人利用，进行互联网金融诈骗。在电子商务的运用中，技术的"双刃剑"作用还是非常明显的。恩格斯在《自然辩证法》里曾经说过："每一次胜利，在第一线都确实取得了我们预期的结果，但是在第二线和第三线却有了完全不同的、出乎意料的影响，它常常把第一个结果重新消除。"技术的创新者能够准确地预测技术应用的单方面效果，可是，很难预测多方面效果。技术可以满足不同主体的需求，但不同主体的需求也会产生不同的效果。技术的创新与发展证明了人类的进步，但我们也必须尽可能地消除技术带来的不良影响，对技术应用的对象、规模、方法等加以限制和监督，使技术的创新真正可以发挥其积极的效用。

创新成为人们的价值观念，使人们富有激情地进行创造性的工作，特别是电子商务引领的创新使广大的利益相关者获得了收益。但不是所有的创新都可以为人们带来好处，主体在对待创新的问题上既要具有前瞻性，也要经常反思，要合理地引导创新激情，构筑合理的价值体系。

第三节 电子商务创新与价值

一、电子商务与传统商务的统一性

电子商务的发展和传统商务的逐渐萎缩引发了人们的思考。电子商务为什么可以在全球经济不景气的情况下逆势发展,而传统商务的未来又在哪里?我们发现,电子商务之所以发展如此迅速,主要原因是电子商务改变了人们消费的思维模式,而且电子商务在实践中不断地完善自身,以其便捷和廉价的优势逐渐吸引了消费者。当然,电子商务与传统商务相比既有优势,也有劣势。人们对电子商务的认可是思维与存在辩证发展的结果,是实践的结果。电子商务并不是在初始阶段就得到人们的普遍认可的,人们是在观察、摸索和实践中慢慢接受了以电子商务为主的互联网商品。而电子商务也在不断实践中完善自身,并且得到快速发展。

电子商务的成功并不代表传统商务的没落,电子商务与传统商务不是对立的模式,而是一种补充,可以做到相互促进、相互影响,共同发展。任正非曾冷静地指出,互联网并没有改变事物的本质,"汽车必须是汽车,金融必须是金融,豆腐必须是豆腐"。电子商务只是改变了经营模式或者传播模式,让人们以一种电子商务的思维来经营商务或传播文化;并且电子商务的应用范围也越来越广泛,对传统商务的经营是一种补充。从消费者购物的体验上来看,电子商务并不能取代传统商务的经营模式。同时,传统商务也应顺应时代的潮流,借鉴电子商务经营的优势,转变原先机械、呆板的营销模式,向适应消费者的消费模式转变,进行升级改造。从近两年来看,单独的电子商务和单独的传统商务并不能满足消费者的需求,实体商店为消费者提供消费体验,网上购物为消费者提供便捷的支付方式和物流渠道。线上线下模式(O2O)的发展,证明了电子商务和传统商务可以很好地融合,可以相互借鉴、共同发展。电子商务在不断实践中完善自身的经营模式,而传统商务也面临着变革带来的冲击,也需要在实践中完善。传统和创新具有互补性,实践和创新是电子商务和传统商务共同发展的主题。

二、"互联网+"思维的建构

电子商务的诞生首先依托于互联网的存在,互联网是电子商务存在的先决条件。随着电子商务的快速发展和涉及领域的不断扩展,"互联网+"的概念应运而生。"互联网+"指以互联网为主的技术手段,包括云计算、大数据、移动互联等信息技术,在日常经济活动和社会活动中应用和扩散的过程。"互联网+"需要人们的思维习惯发生一定的转变,适应互联网带来的新的生活体验。

第一，"互联网+"是以创新为驱动，提高我国的工业和服务业的整体质量，寻找创新的规律并应用创新的结果，它推进企业的转型升级，促进高新技术的发展。第二，"互联网+"要求人们有联通世界的思维，用普遍联系的思维，促进互联网与其他产业结合，形成跨界组合的优势。这本身就是一种思维模式的转变，是一种变革的实践。第三，"互联网+"思维要求人们有以人为本的思想，尊重个人的创造力和想象力的发挥。互联网给予了个人展示的平台，在互联网的世界里人人平等。第四，"互联网+"思维要与民生相结合，通过互联网联通的特性，促进地区公共事业的发展，促进医疗、教育、公益事业获得新的价值，促进"互联网+"金融的普惠金融服务等，提高为民生服务的本领。

"互联网+"思维是一种通过信息技术提升生活质量和促进各行业转型升级的思维习惯。它旨在提高企业与社会的运营效率，为人的全面发展寻求良好的平台，促进社会的平等，提升全民族的创新能力。

三、大数据思维的建构

电子商务的发展，特别是近年来移动电子商务的发展，使商务数据量大幅提高，数据增长的模式表现出三个明显的特征：首先是数据量的快速积累；其次是数据增长的速度在加快；最后是数据的来源呈现多样性，新数据来源在逐渐扩张。

大数据已经成为电子商务企业研发和营销的主要手段，其所形成的相关数据联系正在改变着原先以小样本数据为主的因果分析的模式。大数据的分析与应用主要还体现在其预测功能上，大数据能够比较准确地分析人们所关注的焦点和所希望得到的结果，可以帮助商家提前预判需要准备的产品。

可以预见，电子商务的下一步竞争将在大数据领域展开，通过大数据多维性的特点，将数据与世界联系在一起，将看似不可能的、不确定的事件联系在一起，发挥整体的效用。现有的产业加上大数据将会产生新的产业，大数据的发展将会逐步影响到未来的教育、医疗、制造业、农业等方方面面。电商企业是最早拥有和使用大数据的产业，未来的竞争中还将有更加激烈的数据竞争。可以说，大数据已经成为下一个全世界竞争、创新、提高生产率的前沿技术。

四、全球化思维的建构

电子商务的经营与发展不只局限于一个地区或国家，需要在全世界市场上进行经营活动，进行物质的交换与文化的交往。全球化思维模式是电子商务经营必备的思维之一。全球化思维要求人们有整体的思维观念。原先在一个区域进行经营的思维模式需要进行升级,要从局部的思维迈向整体的思维。世界因为文化的多样性而丰富多彩,在全球进行商务往来的电子商务企业更要懂得尊重和包容多样的文化,尊重各民族的风俗习惯,同时还要发挥本民族的文化特征,在商务交往和文化交往中继承和传扬民族文化。再者,要有开放思维。全球化本身就需要开放性地进行平等的交流,各国的贸易保护政策对于全球化来讲是逆潮流而动。在全球化的过程中,电子商务企业更要保持一种开放的思维模式,平等、合理地参与全球的竞争。此外,还要有复杂化的思维。世界各地的文化和环境的不同造就了人们思维的差异,全球性的思维差异绝非区域性思维差异所能比拟的。进行全球交往的电子商务,要用复杂化的思维模式进行经营和商务往来,要以学习的心态来面对复杂多变的环境。电子商务要应用全球化的思维模式走出国门,打造具有国际影响力的商务产业。

全球化思维是以整体、开放和复杂的思维观念参与实践的方法,是一种价值观念和软实力的综合体现。它不仅局限于商务之间的往来,更需要人们用包容的心态、开放的观念、文化自信的理念来看待世界文化的多元性。

第四节 物质经济向知识经济的飞跃

在电子商务经济的冲击下,物质经济和知识经济都发生了根本性的变革。首先,电子商务展示了信息技术的特性,人们更加重视创新驱动的作用。其次,电子商务的发展推动了知识经济的快速发展,体力劳动和智力劳动发生了相应的变化,并显示出辩证统一性。最后,电子商务还实现了从物质时空到精神时空的转变,从物质自由到精神自由的发展。这种变革与发展是全方位、多层次的,可以影响到社会的决策与发展进程。

一、高新技术的特性

电子商务促进了知识经济和高新技术的发展,知识经济和高新技术在市场的引导和创新中确立了自身的地位,并在社会发展中得到了充分体现。以信息技术为首的高新技术在电子商务经济下表现出高度的创新性、竞争性、风险性和突出的效益性等特点。

电子商务领域的创新包括产品创新、模式创新和手段创新等根本性的改变。这些创新不仅拓宽了人们在虚拟世界的活动和思维模式,还极大地丰富了人们的生活,提高了网络的便捷性和可用性。创新的周期越来越短,创新活动逐渐丰富,参与的人数不断增加,为全社会的创新营造了积极的氛围。高科技的创新和发展成为国家、民族、地区和企业的战略制高点,成为社会进步的动力之源。

电子商务从不为人知到全民电商时代仅用了短短十几年的时间,已在商务领域展现了强大的竞争力。高新技术的竞争不仅限于企业之间,也延伸到了国家之间。除了竞争性强,电商企业还面临高风险。在创新投入过程中，高投资至关重要，创新的进度和市场接纳程度直接决定了风险的高低。

高投资意味着高回报，在高新技术的创新和研发过程中，较高的资金、资源和智力投入可能带来新的市场机会，领先的市场机会会为企业带来可观的效益，并大幅提高生产效率，给周边产品带来强大的辐射效应。通过一个项目的创新发展可能会带动整个行业的发展。

高新技术的发展逐步改善了人们的生活方式、管理方式、交流方式、教育方式和思维方式，对人们的人生观、价值观、文化观和哲学观产生了深刻的影响，涉及人类生活的各个领域，具有极高的经济价值和社会价值。高新技术促进了人们对知识经济的认识，推动了知识经济的发展，改变了人们的价值观念。

二、体力劳动与智力劳动的辩证统一性

电子商务促进了信息技术的发展，信息技术的发展也推动了电子商务的发展，两者相互影响、相互促进。电子商务和信息技术的发展带来了丰富的信息资源。信息资源是一种经济资源和生产性资源，主要表现为知识资源。知识资源与物质资源相比具有许多鲜明的特点。

(1) 知识资源的高增长速度。知识资源的增长速度远远超过物质资源的生长速度，直接影响到人们的生产和生活。

(2) 知识资源的共享性。知识资源极为丰富，并可以大量复制，且在一定程度上超越了时空的界限。物质资源在使用中会不断消耗，而知识资源在不断累积增加。

信息技术的本质是将人的智力提升到新的高度，使人类的劳动日渐智能化，超越体力劳动的束缚，进行创造性的智力劳动。电子商务为主的知识经济使人们能够摆脱繁重的体力劳动，进行创造性的智力劳动，为社会提供更多的知识资源。当然，在生产和运输环节也离不开必要的体力劳动，而电子商务促进了生产的信息化和运输的智能化，使大量的体力劳动可以被机器代替，让人们节省出大量的体力，进行更有价值的工作，实现全面发展。

体力劳动和智力劳动是不可分割的，相互制约和促进。体力支出是脑力支出的物质基础，而脑力支出是体力支出的引领条件。体力和脑力相互依存，充沛的体力可以促进大脑的活跃，有利于创造性生产；灵活的思维、坚强的意志和饱满的热情同样可以转化为人的动力，指引体力的合理支配。

在知识经济下，人的体力劳动越来越少，更多的是智力劳动，但我们仍要积极看待体力劳动与智力劳动的辩证统一性，尊重体力劳动者，通过创新解放体力劳动者的部分体力劳动，提高劳动生产效率，提高生活质量。智力劳动者也应积极参与体力劳动，在实践中寻找流程和工艺的改进，通过体力劳动锻炼和活跃自己的思维。

三、从物质到精神的时空转变与自由发展

知识经济中诞生了电子商务，电子商务也促进了知识经济的发展。知识经济不仅是人类经济发展中的一次重要变革，也是人类社会发展和思维模式的一次重大变革。知识经济主要体现为人的智力在经济活动中的应用，人的智力劳动及创造性活动从根本上改变了人的活动空间。

电子商务以其商品的丰富性和价格的相对低廉性，促进了物质在其空间内的快速转换。在电子商务的范畴中，精神空间的发展更加明显，主要因为电子商务突破了时空的限制，提高了在线服务水平，人们已经习惯了互联网提供的简单、便捷的服务，并接受通过电子商务形式进行互联互通式的教育、医疗、金融服务，特别是喜欢互联网提供的交流沟通方式、娱乐休闲服务和共享的资源。

电子商务不仅极大地丰富了人们的物质世界，也极大地丰富了人们的精神世界，在物质生活得到满足后，精神世界得以自由发展，人们在精神世界中发挥主观能动性，展示智力和才华，促进创新精神和创造力的发挥。可以说，知识经济下的电子商务有效地促进了人们从物质世界自由到精神世界自由的飞跃式发展，将以体力劳动为主导的经营形式转变为以智力劳动为主导的经营模式，是人类的一次重要进步，是思想的一次重要解放。

参 考 文 献

[1] 李映辉. 电子商务环境下零售企业管理模式创新研究[J]. 商业经济研究，2019(08): 111-114.

[2] 韩耀峰. 互联网环境下电子商务创新模式探讨[J]. 营销界，2021(13): 39-40.

[3] 赵玉明，侯新华，李丽. 电子商务概论[M]. 南昌：江西高校出版社，2019.

[4] 熊岩. 跨境电子商务物流模式的创新趋势[J]. 中国商界，2022(06): 72-73.

[5] 马莉婷. 电子商务概论[M]. 北京：北京理工大学出版社，2019.

[6] 曲维玺，王惠敏. 中国跨境电子商务发展态势及创新发展策略研究[J]，国际贸易，2021(03): 4-10.

[7] 陈娟. 移动互联网视阈下我国电子商务发展现状研究[J]. 现代营销(下旬刊)，2019(10): 190-191. DOI:10.19932/j.cnki.22-1256/f.2019.10.111.

[8] 杜青. 分析电子商务对市场营销创新性发展的影响[J]. 现代营销(信息版)，2019(11): 240.

[9] 龙红明，曹亚景. 电子商务商业模式及案例[M]. 沈阳：辽宁大学出版社，2019.

[10] 胡桃，陈德人. 电子商务案例及分析[M]. 北京：北京邮电大学出版社，2020.

[11] 张晓芹. 基于大数据的电子商务物流服务创新[J]. 中国流通经济，2018,32(08): 15-22.

[12] 贺妮. 互联网环境下电子商务模式及创新研究[J]. 营销界，2021(16): 65-66.

[13] 李云霞. 市场营销在电子商务推动下的创新发展[J]. 中国市场，2021(27): 130-131.

[14] 沈易娟，杨凯，王艳艳. 电子商务与现代物流[M]. 上海：上海交通大学出版社，2020.

[15] 付君锐. 社群电商新零售时代下的电商变革[M]. 北京：中国商业出版社，2020.

[16] 解永进，薛建强. 数字物流、电子商务发展对消费结构优化的影响研究[J]. 商业经济研究，2024，(04): 111-115.

[17] 胡文岭，阎立波，关军锋. 基于电子商务发展视角的数字经济与实体经济融合机制研究[J]. 商业经济研究，2024，(03): 123-127.

[18] 叶万余，谷苗苗. 跨境电子商务发展趋势下消费者购物行为的转变[J]. 国际公关，2024，(02): 29-31. DOI:10.16645/j.cnki.cn11-5281/c.2024.02.016.

[19] 王迎. 电子商务发展的空间分布及其对实体经济的影响[J]. 湖北第二师范学院学报，2024，41(01): 51-56.

[20] 赵紫彤，周漫，高松，等. 我国电子商务发展水平及影响因素研究[J]. 商展经济，2024，(01): 59-62. DOI:10.19995/j.cnki.CN10-1617/F7.2024.01.059.

[21] 邵永鑫. 新媒体环境下中小企业电子商务发展的策略探究[J]. 商场现代化，2023，(23): 4-6. DOI:10.14013/j.cnki.scxdh.2023.23.016.

[22] 吴惠燕. 短视频的兴起对电子商务发展的影响[J]. 职业，2023，(21): 87-89.

[23] 王效兴. 经济新常态下电子商务发展"凭什么"[J]. 中国商人，2023，(11): 236-238.

[24] 许宁宁. 经济新常态下的电子商务发展特点及趋势分析[J]. 老字号品牌营销，2023，(19): 43-45.

[25] 凌伟. "互联网+"下传统企业电子商务发展策略[J]. 上海商业，2023，(10): 43-45.

[26] 李向莉. 电子商务发展升级传统零售如何悄悄进化[J]. 中国商人，2023，(10): 68-69.

[27] 王彦庆，吕萍. 电子商务发展对区域创新生态系统韧性的影响分析[J]. 商业经济研究，2023，(18): 116-119.

[28] 喻惜烁. 浅谈数字金融助力跨境电子商务发展模式创新[J]. 现代商业研究，2023，(05): 47-49.

[29] 宫晓辉. 网络直播对电子商务发展的影响分析[J]. 互联网周刊，2023，(15): 70-72.

[30] 王文娟. 中国跨境电子商务发展现状及对策[J]. 营销界，2023，(08): 14-16.

[31] 高博. 电子商务发展、资源配置与制造业产业结构优化升级[J]. 商业经济研究，2023，(08): 179-182.

[32] 张爱军. 数字金融助力跨境电子商务发展模式创新[J]. 现代企业，2023，(04): 114-116.

[33] 孟琳. 电子商务发展为物流经济插上"云翅膀"[J]. 中国商人，2023，(04): 156-157.

[34] 谢亚玫. 电子商务发展对物流行业影响实证分析[J]. 中国航务周刊，2023，(13): 59-61.

[35] 曹欢. 经济新常态下电子商务发展特点及趋势探究[J]. 商业2.0，2023，(05): 69-71.

[36] 王玥. 基于人工智能技术应用对电子商务发展的分析[J]. 计算机产品与流通，2017，(12): 136.

[37] 卢淑霞. 人工智能对跨境电子商务发展的影响研究[D]. 华南理工大学，2021. DOI: 10.27151/d.cnki.ghnlu.2021.003454.

[38] 周贤东. 网络经济中的搜索引擎营销[J]. 云端，2023，(47): 120-122.